Tobias Beck

Unbox your Relationship!

Tobias Beck

Unbox your Relationship!

Wie du Menschen für dich
gewinnst und stabile
Beziehungen aufbaust

Bibliografische Information der Deutschen Nationalbibliothek

Die Deutsche Nationalbibliothek verzeichnet diese Publikation in der Deutschen Nationalbibliografie; detaillierte bibliografische Daten sind im Internet über http://dnb.d-nb.de abrufbar.

ISBN 978-3-86936-938-9

Co-Autorin: Stefanie Brehm
Lektorat: Sabine Rock, Frankfurt am Main | www.druckreif-rock.de
Illustrationen: Marvin Clifford
Umschlaggestaltung: total italic (Thierry Wijnberg), Amsterdam/Berlin
Titelfoto: Bunte Ballons: © Karepa/Fotolia
Herzballon: © Vitalina Rybakova/Fotolia
Autorenfoto: Patrick Reymann
Satz und Layout: Lohse Design, Heppenheim | www.lohse-design.de
Druck und Bindung: Salzland Druck, Staßfurt

Wir drucken in Deutschland.

www.gabal-verlag.de
www.facebook.com/Gabalbuecher
www.twitter.com/gabalbuecher

PEFC zertifiziert
Dieses Produkt stammt aus nachhaltig bewirtschafteten Wäldern und kontrollierten Quellen.

www.pefc.de

Inhalt

Vorwort

Tobias Beck zu begegnen ist ein echter Glücksfall. Und ich weiß aus sicherer Quelle, dass es unzähligen Menschen genauso geht wie mir: all jenen Menschen, die ihn als Coach, Speaker, Autor oder einfach »nur« als Mensch kennengelernt haben. Menschen, die er durch seine authentische Professionalität, seinen erfrischenden Humor und seine inspirierende Energie begeistert hat.

Tobias ist einer jener wenigen Menschen, die ich voller Überzeugung und ohne mit der Wimper zu zucken als Ausnahmetalente unter den Speakern im deutschsprachigen Raum bezeichne. Denn in seinem »normalen« Leben ist er nicht nur Autor, sondern auch Redner. Umso beeindruckender ist es, was Tobias mit »Unbox your Relationship!« bereits zum wiederholten Mal nach seinem Bestseller »Unbox your Life!« zu Papier gebracht hat: ein mehr als unterhaltsames, polarisierendes, unkonventionelles, freches und mitreißendes Buch.

Weil ich diese Branche so gut kenne wie meine eigene Westentasche, darf ich ganz unbescheiden behaupten, dass Tobias tatsächlich eine Legende, einer der ganz Großen – wenn nicht der Größte – auf dem deutschsprachigen Redner- und Autorenmarkt ist.

Doch viel entscheidender als seine eigene Größe ist seine besondere – und sehr seltene – Gabe, andere Menschen groß zu machen, in ihnen ein Potenzial zu sehen, das die meisten selbst noch nicht erkannt haben. Diese Fähigkeit ist Ausdruck seiner eigenen Größe. Denn genau das ist seine Mission: Menschen mit seinen Vorträgen, Seminaren, Büchern, Podcasts und Inspirationen groß und erfolgreich zu machen und ihnen dazu zu verhelfen, das eigene Leben und die eigenen Beziehungen endlich »auszupacken«.

Dabei ist der Menschenflüsterer, (Mut-)Macher, Begeisterer und Mentalitätsveränderer vor allem eines: MENSCH!

Einmal mehr beweist er sein Multitalent mit diesem Buch. Es ist ein wahrer Schatz von Worten, eine Fundgrube für alle, die ihre Beziehung(en), nicht nur zum Partner, sondern zu ihrem gesamten Umfeld verbessern wollen.

Ich wünsche grenzenlose Begeisterung beim Lesen dieses »Wort-Schatzes«, viele wertvolle Impulse, sprühende Ideen und kreative Inspirationen.

Achtung: Dieses Buch kann deine Beziehung(en) und dein ganzes Leben verändern!

Mit allen guten Wünschen
Hermann Scherer

Prolog

»Habe ich geliebt?«
»Habe ich anderen geholfen zu lieben?«
»Habe ich andere groß gemacht?«
»Habe ich Spuren in den Herzen anderer hinterlassen?«

Alte Menschen stellen manchmal seltsame Fragen, mit denen ich als Zivildienstleistender, im zarten Alter von 18 Jahren, nur wenig anzufangen wusste und die mich etwas ratlos machten. Wer sollten denn diese »anderen« sein und ging es nicht in erster Linie darum, aus meiner eigenen Reise das Beste zu machen? Heute weiß ich: Nein, darum geht es nicht. Es geht um so viel mehr. Es geht um eine der wichtigsten Grundlagen unseres Seins.

Denn eines ist klar: Beziehungen zu anderen Menschen werden dich – ob du willst oder nicht – dein ganzes Leben lang begleiten.

Wir sind seit jeher darauf programmiert, uns mit anderen Menschen zu verbinden. Aber leider vergessen wir das oft in einer Welt, in der alles mit einem Wisch auf dem Smartphone ausprobiert werden kann. Bevor wir uns also das nächste Mal alle Optionen offenlassen, lade ich dich ein, Verantwortung zu übernehmen. Für etwas oder für jemanden. Menschen sind keine Produkte, die wir benutzen können und dann achtlos zurücklassen. Unser Herz hält vieles aus – aber es kann nicht so einfach repariert werden. Und das gilt auch für die Herzen der Menschen, mit denen wir zu tun haben.

Lasst uns mit einer vermeintlich einfachen Übung beginnen: Lasst uns einen Netflix-Film bis zum Ende sehen, ohne zwischenzeitlich online die Bewertungen zu checken oder zu schauen, ob es nicht noch etwas Besseres gibt. Aushalten, atmen und fühlen. Der Sache eine Chance geben, anstatt vorschnell Konsequenzen zu ziehen.

Wir leben in einer Zeit, in der viele junge Menschen permanent damit beschäftigt sind, sich selbst zu verwirklichen. Darin sind wir aber nicht geübt, das ist im Grunde eine ganz neue Möglichkeit: Wir dürfen unser Leben nach unseren eigenen Vorstellungen und Werten gestalten. Und das ist längst nicht allen Menschen auf diesem Planeten möglich. Über diese Arbeit an der Selbstverwirklichung, darüber, all das sein zu können, was wir sein möchten, vergessen viele allerdings oft das Fundament unserer Existenz, nämlich die Familie. Wobei »Familie« vollkommen unterschiedliche Formen und Farben haben kann. Familie ist so viel mehr als Genetik, die Menschen miteinander verbindet – Familie, das sind die Menschen, bei denen du dich zu Hause fühlst und von denen du bedingungslos geliebt wirst, einfach weil du so bist, wie du bist.

Vielleicht gibt es diese Menschen heute noch nicht in deinem Leben, doch bevor du dieses Buch direkt wieder zur Seite legst, habe ich eine gute Nachricht für dich: Du bist niemals allein und die Menschen, die du suchst, suchen zeitgleich auch nach dir. Fang doch wieder an, mit dem Herzen zu sehen und andere Menschen in dein Leben zu lassen.

Heute streben viele Menschen nach beständiger Perfektion und vergessen dabei, dass Beziehungen keine Momentaufnahmen mit eingebautem Glamour-Filter für Instagram sind. Beziehungen verändern sich ständig, denn sie leben mit und durch uns. Deshalb sind sie wie wir: einzigartig, mit Ecken und Kanten statt makellos – und das ist gut so. Weil Perfektion viel zu statisch ist für unsere bewegte Gefühlswelt, in der unsere Beziehungen zu Hause sind. Wir brauchen Beziehungen, um glücklich zu sein, doch diese einzigartige und manchmal chaotische Gefühlswelt macht das In-Beziehung-Treten mit unseren Mitmenschen so schwierig.

Zuerst werde ich dich in diesem Buch auf eine Reise zu dir selbst und zu den Menschen in deinem Leben mitnehmen. Wenn du magst, werden wir gemeinsam herausfinden, wie du mit dir und ihnen erfüllte Beziehungen leben kannst, obwohl jede einzelne davon so individuell und einzigartig ist wie du selbst.

Anschließend möchte ich dir das von mir entwickelte Modell der vier Menschentypen in tierischer Gestalt von Wal, Hai, Delfin und Eule vorstellen und mit auf den Weg geben. Es hat online bereits ein Millionenpublikum begeistert, Ehen gerettet und Büros in Kreativzonen verwandelt. Es hat Streit geschlichtet und für mehr Verständnis gesorgt. Du darfst dich jetzt schon darauf freuen, die tierische Seite in dir kennenzulernen. Oh ja, auch in dir steckt ein Tier, meistens sind es sogar mehrere gleichzeitig. Und was das Ganze mit einem jahrtausendealten Geheimnis zu tun hat, das erfährst du auch noch.

Ich wünsche dir viel Spaß und schöne Momente mit dir und den »anderen« – und eine gute Reise durch dieses Buch.

Wenn Freiheit einsam macht

Wir führen in unserer vernetzten Welt mehr Beziehungen als jemals zuvor. Nie waren wir mit so vielen Menschen gleichzeitig in Kontakt und nie fiel es uns so schwer, uns wirklich aufeinander einzulassen. Das war nicht immer so.

Unser eigenes In-die-Welt-Kommen war nur möglich durch die Beziehung unserer Eltern zueinander, sie ist die Grundlage unseres Daseins. Und Beziehungen spielen auch weiterhin eine wichtige Rolle in unserem Leben. Wir brauchen soziale Beziehungen, emotionale Bindungen zu anderen Menschen, um zu existieren und uns weiterzuentwickeln. Wir brauchen sie in einer ganz bestimmten Intensität, um ein glückliches und erfülltes Leben zu führen. Unsere eigene Zufriedenheit basiert auf der Qualität unserer Beziehungen zu anderen. Das gilt privat wie beruflich.

All das hat sich in den letzten Jahrhunderten im Grunde nicht verändert. Was sich verändert hat, ist die Welt um uns herum, mit der wir in Beziehung stehen.

Noch vor nicht allzu langer Zeit war es üblich und sogar überlebenswichtig, dass Menschen ihr Dorf und somit ihre Umgebung und die Menschen, mit denen sie aufgewachsen waren, ein Leben lang nicht verlassen haben. Vielleicht hat man jemanden aus dem Nachbardorf geheiratet und ist dorthin gezogen, aber auch da warteten feste soziale Strukturen, in die man sich einzufügen hatte, denn oft lebten gleich mehrere Generationen gemeinsam unter einem Dach.

In diesem Beziehungsgefüge kleiner Dörfer und Ansiedlungen hatte jeder Mensch seinen Platz und eine definierte Rolle. Alle kannten und vertrauten sich. Geschäfte wurden auf Basis mündlicher Verträge gemacht und häufig spielte die Religion eine wichtige Rolle. Der Glaube an etwas Größeres verband die Menschen miteinander und war ein Trost in schlechten Zeiten. Diese enge Form des Zusammenlebens gab Schutz, Sicherheit und Orientierung zum Wohle der Gemeinschaft. Doch die Möglichkeiten, sich selbst darin ganz individuell zu verwirklichen, waren begrenzt, das kollektive Miteinander schränkte die Freiheit des Einzelnen ein. Die Tochter des Bäckers wurde mit einem Mann verheiratet, der auch Bäcker war – oder sie wurde selbst Bäckerin und dachte nicht im Traum daran, einen eigenen Schuhladen zu eröffnen und künftig High Heels in Neonfarben zu designen.

Die Zeiten haben sich geändert. Für uns Menschen ging diese Entwicklung von der kollektiven Gemeinschaft hin zu einer in weiten Teilen anonymen Individualität so schnell, dass wir manchmal das Gefühl haben, atemlos unserem eigenen Leben nachzujagen. In der Anonymität des 21. Jahrhunderts haben wir plötzlich mehr Freiheit, als uns guttut. Wir haben so viele Möglichkeiten und können uns nicht entscheiden, weil wir immer Angst haben, alle anderen zu verpassen.

Sobald wir eine von ihnen ausgewählt haben, erscheint uns eine andere Option reizvoller zu sein. Wir ziehen rastlos von einer Stadt in die nächste, über Kontinente hinweg, arbeiten heute hier und morgen dort und wo immer wir sind, gibt es neue Menschen, deren Sprache wir sprechen, weil es ihnen im Grunde genauso geht wie uns. Wir fühlen uns gemeinsam einsam, weil wir uns nicht mehr trauen, in Beziehung zueinander zu treten, uns für Menschen zu entscheiden, die sich vielleicht nicht für uns entscheiden und morgen schon wieder aufbrechen zu neuen Abenteuern – ohne uns. Wir sind unverbindliche Weltenbummler geworden und suchen heute all das, was uns früher ein ganzes Dorf an Sicherheit, Geborgenheit und Orientierung gegeben hat, in einer einzigen Person: unserem Partner.

Das Glück einer Familie hängt heute mehr denn je von der erfüllten Paarbeziehung der Eltern ab. Doch oft wissen wir gar nicht, wie wir für einen Partner alles in einer Person gleichzeitig sein können – wir haben es verlernt, unsere Bedürfnisse in vielen unterschiedlichen Beziehungen zu leben und aufeinander einzugehen. Die Folge? Es gibt gerade in den Metropolregionen mehr Single-Haushalte als Familien, nahezu jede dritte Ehe scheitert und es wachsen so viele Kinder mit getrennt lebenden Eltern auf wie nie zuvor.

Eigentlich sollte es uns gut gehen, denn wir sind privilegiert. Wir sind in der glücklichen Lage, den Sinn unseres Lebens selbst definieren zu können. Was darf's denn sein? Wollen wir uns als Tiefseetaucherin in der Karibik verwirklichen und abends unter Palmen eine Feierabend-Kokosnuss trinken? Oder soll es doch lieber eine Karriere als Herzchirurg sein mit einem Appartement an der Upper East Side und dem guten Gefühl, mit unserer Arbeit die Welt von einzelnen Menschen für immer zu verändern?

Doch für so viel Freiheit sind wir Menschen nicht gemacht! Wir haben heute eine hohe Lebenserwartung, in die wir, bildlich gesprochen, drei durchschnittliche Leben von Menschen aus dem Mittelalter packen könnten. Und manche von uns tun das auch. Wir brechen unsere Zelte ab, erfinden uns neu, fangen irgendwo noch einmal ganz von vorne an. Diese Freiheit haben wir. Wir haben jederzeit die Freiheit, uns neu zu entscheiden. Oder die Freiheit, einfach nichts zu entscheiden, weil uns die vielen Möglichkeiten, unser Leben zu leben, ganz schwindelig machen und wir nicht eine Option auswählen möchten, mit der wir alle anderen ausschließen. Ergo: Unsere Freiheit, alles sein zu können, was wir wollen, droht uns einsam zu machen.

Was wir wirklich brauchen, um ein glückliches und erfülltes Leben zu führen, ist ein Netzwerk von verbindlichen Beziehungen zu Menschen, die wir lieben. Menschen, die uns bei aller Freiheit

Geborgenheit schenken. Menschen, die uns trotz aller Entschei-
dungsvielfalt Werte und Orientierung vermitteln und die uns bei aller
Selbstverwirklichung die Sicherheit geben, geliebt zu werden – so,
wie wir sind.

Wir dürfen es nicht verlernen, miteinander in Beziehung zu treten.
Und wir dürfen nicht vergessen, dass wir Beziehungen brauchen,
um uns in einer Welt voller Möglichkeiten selbst nicht zu verlieren.
Deshalb lade ich dich nun im ersten Teil dieses Buches auf eine Reise
ein: zu den besten Beziehungen deines Lebens.

Du bist längst genug

Hast du schon einmal überlegt, mit wem du dich den Tag über am meisten unterhältst? Ohne dich persönlich zu kennen, weiß ich, mit wem du am häufigsten sprichst, und ich weiß auch, dass du mit ihm oder ihr bei diesen Gesprächen nicht gerade zimperlich bist. Da wird Tacheles geredet und das Ganze kommt ohne konstruktives Feedback, ohne Glitzer und Wattebällchen und ohne jeden positiven Gesprächseinstieg aus. Alles Unsinn! Du lässt die ganzen Schnörkel weg und konzentrierst dich auf das Wesentliche: Wo läuft etwas schief und wo müssen wir nacharbeiten?

Das beginnt morgens schon vor dem ersten Kaffee. Auf dem Weg in die Dusche stolpert so mancher ganz zufällig über eine Waage und dann geht's ohne Umschweife los: »Du wirst auch immer fetter. Die Mischung aus Schokolade und Balsamico-Chips gestern Abend vor dem Fernseher hättest du dir sparen können!«

Vielleicht kommentierst du morgens vor dem Spiegel auch munter dein schütter gewordenes Haar, deine Fältchen – ach, was sag ich, Krater –, deine knollige Nase, deine unordentliche Wohnung, deine nicht vorhandene Fitness oder, je nach Tagesform, auch gerne gleich dein gesamtes unperfektes disziplinloses Leben.

Ich bin mir sicher, dass du es keinem einzigen Menschen in deinem Umfeld erlauben würdest, so mit dir oder in deiner Anwesenheit über dich zu sprechen, wie du es selbst manchmal tust.

Du redest pausenlos, dein Leben lang mit einer einzigen Person – und das bist du selbst!

Dir gehen im Durchschnitt etwa 60 000 Gedanken am Tag durch den Kopf. Und wenn du einen Moment lang mal ganz ehrlich zu dir bist, formulierst du diese Gedanken dir gegenüber oft in einem Tonfall, für den du Partner oder Freunde einfach kommentarlos und für immer vor die Tür setzen würdest. Keine Sekunde würdest du dir das anhören. Und trotzdem läuft deine innere Stimme pausenlos hinter dir her, macht dir ein schlechtes Gewissen und redet dir ein, was für ein verbesserungswürdiger Zellhaufen auf zwei Beinen du doch bist. Sag mal, bist du irre?

Mal abgesehen davon, dass diese Negativspirale mit der Realität, wenn überhaupt, nur im Entferntesten zu tun hat, gibt es da noch eine Sache, die ganz besonders gravierend ist: Wenn wir uns etwas oft genug sagen, glauben wir das! Lies den Satz gleich noch einmal, er ist wichtig:

Wenn wir uns etwas oft genug sagen, glauben wir das!

Und was passiert, wenn wir etwas ganz fest glauben, obwohl es gar nicht so ist? Unser Gehirn kann irgendwann nicht mehr unterscheiden, ob das, was wir uns den lieben langen Tag erzählen, stimmt oder einfach nur Fiktion ist. Unser Gehirn weiß nicht, ob diese unsichtbare Stimme, die hinter uns hertapert und grummelig jeden verspeisten Schokoriegel mit »disziplinloser Zellhaufen« kommentiert, recht hat oder absoluten Unsinn erzählt. Dein Gehirn glaubt es einfach, weil es ihm oft genug gesagt wird.

Und was immer du glaubst, manifestiert sich in deinem Leben. Was immer du über dich glaubst, spiegelt sich in allem: in deinem Auftreten, in deiner Körpersprache, in deiner Stimme genauso wie in deinen Gehaltsverhandlungen, im nächsten Date, in deinen Präsentationen, in der Erziehung deiner Kinder, in deinen Freundschaften, ja, in all deinen Beziehungen zu anderen Menschen. Deine innere Stimme beeinflusst dein ganzes Leben und obwohl andere Menschen sie nicht hören können, können sie sie in deinem Umgang mit dir selbst erkennen.

Ich verrate dir jetzt etwas. Ganz egal, was sie so sagt, deine innere Stimme: Solange sie dir nicht jeden Morgen vor dem Badezimmerspiegel – ungeduscht und im Frottee-Schlafanzug mit Mundgeruch – erzählt, dass du der großartigste, wunderschönste und hellste Stern am Firmament bist, redet sie Unsinn. Du lachst? Das ist gut, das baut Stresshormone ab.

Nein, ernsthaft: Du bist großartig. Du steckst voller großer und kleiner Talente! Nimm dir einen Augenblick Zeit und rufe dir all das in Erinnerung, was du in deinem Leben schon erreicht hast. Schreibe auf, worauf du stolz sein kannst, und wenn der Platz hier nicht reicht, dann hole dir ein Flipchart, das du einmal von vorne bis hinten vollschreibst! In Schriftgröße 6.

Ich weiß: Auch du hast schon irgendwann in deinem Leben – vielleicht auch schon ein paarmal zu oft – atemlos und entkräftet an einer Wegkreuzung gestanden, hast dich dort einfach auf den harten, kalten Asphalt gesetzt und bitterlich geweint. Weil du nicht mehr weiterwusstest, weil du dich allein gefühlt hast und keinen blassen Schimmer mehr hattest, woher du die Kraft nehmen sollst, um nur einen einzigen Schritt weiterzugehen – geschweige denn, dich für einen dieser Wege zu entscheiden. Aber ich weiß auch, dass du all deinen Mut und deine letzte Kraft zusammengenommen hast und einfach weitergegangen bist.

Kannst du dich für jedes einzelne Mal, das du wieder aufgestanden bist, bitte einmal selbst in den Arm nehmen, bevor du hier weiterliest?

»Aber… ich habe auch so viele Fehler, Tobi.« Wirklich? Ich auch! Und das ist gut so. Fehler machen uns menschlich und geben uns immer wieder aufs Neue die Chance dazuzulernen. Ich mache andauernd Fehler, aber ich lerne daraus und mache beim nächsten Mal einfach bessere Fehler.

Erst wenn du nachsichtiger mit dir bist und dich auch für einen Misserfolg in den Arm nimmst; erst wenn du dich selbst so wertschätzt, wie du es für alle anderen längst zum Maßstab gemacht hast, erst dann wirst du beginnen, dich in dich selbst zu verlieben.

Dann brauchst du keine zwei Tafeln Schokolade auf Balsamico-Chips mehr, um den Frust mit Zucker zu glasieren. Und auch keine Zigaretten, an denen du dich festhalten musst, oder literweise Alkohol, um zu betäuben, was du bist, aber gar nicht sein willst.

Dann brauchst du auch all das Zeug nicht mehr, von dem dir die Welt da draußen einreden möchte, dass es dich schöner, besser, toller und begehrenswerter macht. Denn die eigentliche Message dieser Werbebotschaften lautet doch: »Du bist ohne uns nicht genug.« Ohne dieses Make-up, das dich makellos macht. Ohne jene Statement-Uhr, die dir Anerkennung bringt. Ohne einen Sportwagen, mit dem du Frauen beeindruckst, oder ohne das hundertste Anti-Cellulite-Gel für 99 Euro den Tropfen, das dich sexy und begehrenswert sein lässt. Die Wahrheit aber ist: Du brauchst nichts davon, denn:

Du bist längst genug.

Du bist längst liebenswert, einzigartig und begehrenswert – genau so, wie du bist. Das erzählt dir aber in der Welt da draußen nur selten jemand, weil du dann nichts mehr konsumierst, was du gar nicht brauchst.

Wie programmieren wir unsere innere Stimme denn nun um? Du wirst in Zukunft ganz oft in dich hineinhören müssen, mit der Frage: Was für einen Unsinn erzähle ich mir denn jetzt schon wieder? Denn das Gefährliche an der Gewohnheit ist: Wir realisieren sie gar nicht mehr. Gewohntes wird zum Automatismus und läuft irgendwann völlig unbewusst ab. Vieles davon sind alte Glaubenssätze, die uns in unserer Kindheit und Jugend irgendwann einmal mitgegeben wurden. Und Kinder – das müsst ihr euch unbedingt merken, wenn ihr selbst Eltern seid oder werden wollt – saugen alles, was man ihnen über sie selbst erzählt, wie ein Schwamm auf und glauben es. Manches davon für den Rest ihres Lebens.

Ganz tief in dir drinnen sitzt ein kleines Ich, das niemals älter wird. Zu diesem kleinen Ich werden wir im nächsten Kapitel gemeinsam reisen, wenn du möchtest. Dieses kleine Ich in dir bleibt für immer vier Jahre alt und glaubt jeden Satz, den du sagst. Alles, was du mit ihm sprichst, ist seine Realität und damit auch deine. Egal wie alt du bist – deine innere Stimme spricht immer mit dem kleinen Jungen oder dem kleinen Mädchen in dir und das zuckt jedes Mal erschrocken zusammen, wenn es wieder einmal hören muss, dass es nicht wertvoll ist, nicht hübsch genug, nicht erfolgreich genug, nicht ehrgeizig genug, nicht dünn genug, nicht diszipliniert genug, nicht genug, nicht genug – nie genug.

Es gibt etwas, das uns leider niemand sagt, wenn wir erwachsen werden: Es ist ab jetzt unser Job, gut auf uns selbst aufzupassen. Wir glauben immer noch, dass jemand anderes das für uns übernehmen müsste. Es war doch jahrelang die Aufgabe unserer Eltern! Und was ist die Konsequenz aus dieser Erwartung? Wir gehen raus ins Leben und suchen uns neue Eltern in Form von Partnern, die das doch bitteschön übernehmen sollen.

Wir machen uns also abhängig von der Fürsorge anderer. Wir lassen andere bestimmen, wie wir uns fühlen, und vergessen dabei, dass wir es selbst beeinflussen können. Nicht die Liebe zu anderen steht am Anfang jeder glücklichen Beziehung – sondern die Liebe zu dir selbst.

Reise zu deinem inneren Kind

Bevor du diese Reise mit mir machst, solltest du eine entspannte Atmosphäre schaffen. Mach es dir gemütlich und lass im Hintergrund das folgende Musikstück laufen, das ich extra für dich habe komponieren lassen:

http://unboxyourrelationship.de/traumreise

Und keine Angst: Du kannst gar nichts falsch machen; auch wenn du nicht weißt, was dich erwartet, lass dich einfach darauf ein.

Du willst deine Beziehung verbessern? Herzlichen Glückwunsch, das ist ein großartiges Ziel. Um das zu erreichen, gibt es allerdings einen Punkt, den du jetzt entweder als großen Haken oder als riesige Chance betrachten kannst. Es gibt eine Person, mit der du zuallererst Frieden schließen musst – und in die du dich verlieben darfst –, bevor du ein wirklich intensives Band zu anderen Menschen knüpfen kannst. Und diese Person bist du selbst.

Vielleicht musst du an dieser Stelle kurz Luft holen, aber das ist okay. Nimm ein paar tiefe Atemzüge, lies dir die folgende Übung durch und dann geh mit mir auf die Reise zu einem Menschen, der ganz tief drin in dir wohnt. Dort befindet sich ein kleines Mädchen oder ein kleiner Junge, die sich beide seit Jahren nach einer einzigen Person sehnen: nach dir. Vielleicht ist der Zugang zu diesem Kind in dir überlagert – zugeschüttet von Selbstzweifeln, von Sätzen, die du irgendwann von anderen Menschen gehört und dir dann selbst eingeredet hast, von Schmerz und dunklen Erfahrungen. Aber ich bitte dich, dich darauf einzulassen, denn das, was fließen kann, wenn du diesen Kanal wieder freilegst, wird dein Leben und deine Beziehungen für immer verändern.

Du kannst dazu das erwähnte ruhige Musikstück hören, das dich unterstützt, oder einfach die Stille genießen. Egal, für welchen Rahmen du dich entscheidest, du solltest für mindestens zehn Minuten ungestört sein.

Setz dich bequem, aber aufrecht, auf einen Stuhl, rolle noch einmal deine Schultern nach hinten, um deine Wirbelsäule zu lockern, stelle beide Füße auf dem Boden ab und schließe deine Augen.

Du nimmst vielleicht leise Geräusche um dich herum wahr, hörst deinen Atem und merkst, wie deine Gedanken durch deinen Kopf rasen. Lass sie einfach ziehen, ohne ihnen Beachtung zu schenken. Du spürst deinen Körper, nimmst deine Beckenknochen und deine Beine wahr, fühlst deinen Bauch, deine Schultern, deine Arme und deinen Kopf. Atme.

Du spürst dein Herz schlagen, und mit jedem Herzschlag, der kommt, entspannst du dich mehr. Lass dich von deinem Herzschlag immer tiefer und tiefer in deine Innenwelt leiten. Stell dir vor, dass an deinen Händen und an deinen Füßen leichte Gewichte hängen, und mit jedem Atemzug, den du machst, werden deine Hände und deine Füße ein bisschen schwerer. Du tauchst immer tiefer ein, immer tiefer in einen Zustand der Ruhe und der Entspannung. Lass dich von deinem Herzschlag und deinem Atem in deine innere Welt tragen.

Es ist vollkommen normal, dass immer wieder Gedanken auftauchen. Lass sie einfach wie Wolken an deinem Bewusstsein vorüberziehen und konzentriere dich auf deinen Atem und deinen Herzschlag. Diese Übung ist nur für dich, für dich ganz allein.

Und während du immer tiefer und tiefer in die Entspannung gleitest, stell dir jetzt vor, wie du deinen Sitzplatz verlässt und nach oben schwebst. Du verlässt den Ort, an dem du dich befindest, und schwebst in einen anderen Raum. In einen Raum ganz in der Nähe, in einen Raum irgendwo in deinem Bewusstsein.

Mit jedem Atemzug kommst du tiefer und tiefer in das schöne, wohlige Gefühl deiner Traumreise.

Und so landest du in diesem anderen Raum, spürst den Boden unter deinen Füßen und blickst dich um. Du siehst, dass an jeder Wand dieses Raums Bilder hängen. Bilder über Bilder. Du schaust genauer hin und erkennst, dass das alle Fotos sind, Fotos von dir. Du kannst deinen Augen kaum trauen, überall bist du zu sehen. Die Bilder zeigen dich auf deiner Lebensreise – von der jetzigen Situation bis zurück zur ersten Sekunde deines Lebens.

Du bewegst dich wie auf einem Zeitstrahl durch den Raum und siehst, wie du von Bild zu Bild immer jünger wirst. Du bist 20, 18, siehst dich zum ersten Mal Auto fahren oder an deinem ersten Arbeitsplatz. Du siehst dich als Teenager mit Freunden lachen und als zehnjähriges Kind auf dem Schulweg. Du reist mit jedem Bild weiter zurück in deinem Leben. Und dann siehst du dich als kleines Kind. Du bist fünf, vier oder drei Jahre alt, du strahlst über das ganze Gesicht, tanzt und hüpfst und lachst vor Freude.

Während du dich staunend durch diesen inneren Raum bewegst, spürst du auf einmal eine Berührung an deiner rechten Hand. Jemand greift ganz sanft nach deinen Fingern, schiebt seine kleine Hand in deine. Verwundert schaust du nach unten und erblickst ein kleines Kind vor dir. Eure Blicke treffen sich und du erkennst – da stehst du, im Alter von zwei, drei Jahren.

Du spürst eine Welle des Erstaunens, der Verwunderung und der Freude tief aus deinem Innersten in dir aufsteigen und durch deinen Körper wogen, als ihr euch in die Augen schaut und du erkennst: Wow, das bin ja ich!

Das Kind blickt dich an, es schaut dir in die Augen und beginnt zu schluchzen. Es weint, die Tränen strömen über sein Gesicht und es ruft laut: »Endlich! Endlich bist du da! Ich habe so lange auf dich gewartet!«

Wenn jetzt starke Gefühle in dir aufsteigen und sich ihren Weg an die Oberfläche bahnen, lass es einfach geschehen, gib ihnen Raum, lass ihnen freien Lauf.

Das Kind ruft: »Ich habe dich so sehr vermisst! Du tust immer so erwachsen, setzt jeden Tag eine Maske auf und versteckst dich! Spiel doch endlich wieder mehr mit mir!«

Du schaust dem kleinen Kind tief in die Augen, du folgst deiner Intuition und deinem Herzen, streckst die Hände aus und nimmst das Kind auf den Arm, liebevoll, stark und freudig. Du schließt diesen kleinen Menschen in deine Arme, hältst ihn ganz nah an deinem Herzen und verbindest dich mit ihm. Du spürst das Band, das zwischen euren Herzen gespannt ist, fühlst die Energie und die tiefe, tiefe Liebe, die zwischen euch fließt und endlich wieder fließen darf.

Das Kind bebt in deinen Armen, wird geschüttelt von Gefühlen, von Tränen, von Lachen und seliger Freude zugleich. Denn das Einzige, wonach es sich sehnt, ist, dass du da bist! Dass du dich nicht immer so erwachsen aufführst, dass du es nicht vergisst, dass du mit ihm spielst und lachst und kuschelst, dass du dich ihm zuwendest. Es möchte einfach nur bei dir sein.

Während du dein Gesicht in den wuscheligen, weichen Haaren dieses Kindes vergräbst, fühlst du, wie ein unvergleichlich starkes, unendliches, bedingungsloses Gefühl der tiefen Liebe in dir aufsteigt. Und in deinen Gedanken sprichst du zu diesem Kind. Du sagst:

»Ich liebe dich. Ich passe auf dich auf. Ich liebe dich, denn du bist das Einzige, was ich wirklich habe auf dieser Welt. Ich verspreche dir, dass ich auf dich aufpasse, denn wenn ich dich liebe, dann kann ich auch andere lieben!«

In deinen Gedanken schließt du das kleine Mädchen oder den kleinen Jungen jetzt noch einmal ganz fest in deine Arme, spürst, wie eure Herzen gemeinsam schlagen. Ihr schaut euch intensiv an, eure

Blicke treffen sich noch einmal, du siehst das Gesicht dieses Kindes vor dir. Und bevor du die Szene gleich verlässt, gib dem Kind noch etwas Schönes, etwas Kraftvolles mit auf die Reise durch sein Leben: Verabschiede dich mit dem Wort und dem Gefühl von »Liebe«.

Plötzlich merkst du, wie der gesamte Raum um dich herum sich zu drehen beginnt. Erst ganz langsam und dann immer schneller und schneller. Du und das Kind in deinen Armen dreht euch mit, es fliegt sicher und voller Leichtigkeit wie an einem wunderschönen Sommertag am Strand in deinen Armen. Es lacht über das ganze Gesicht und in diesem innigen, glücklichen Moment erkennst du voller Gewissheit: Das ist die Realität! Dieses Kind ist immer bei dir, die Leichtigkeit, die Freude und diese tiefe Liebe sind immer da! DAS kann dir niemand nehmen!

Ihr dreht euch noch einen Moment lang weiter, dann machst du dich allmählich bereit, in den Raum zurückzukehren, in dem deine Reise begonnen hat. Du nimmst einen tiefen Atemzug und zählst langsam von fünf runter.

Fünf

Du verlässt den Strand und kehrst mit deinem Bewusstsein langsam zurück in deinen Körper.

Vier

Du beginnst, deine Beine und deine Arme wieder zu spüren. Du fühlst, wie du auf deinem Stuhl sitzt und das Zimmer dich umgibt.

Drei

Du stellst dir vor, wie frisches, kristallklares Quellwasser deinen Kopf und dein Bewusstsein umspült, dich aktiviert und wach macht.

Zwei

Du nimmst noch einen ganz, ganz tiefen Atemzug, fühlst dich frei und voller Liebe.

Eins

Du bist zurück im Hier und Jetzt.

Affirmationen für den Dialog mit deinem inneren Kind

»Wie schön, dass du da bist, und wie schön, dass du genau so bist, wie du bist.«

»Du bist goldrichtig! Wie schade, dass die Menschen um dich herum das oft nicht gemerkt haben.«

»Danke, dass du das damals alles ausgehalten hast! Du bist sehr stark!«

»Damals konnte ich dich nicht schützen – doch jetzt lasse ich nicht mehr zu, dass du überfordert und übergangen wirst!«

»Ich vertraue dich nicht länger irgendwelchen wildfrem- den Menschen an! Für mich bist du die Nummer eins!«

»Das Schwere, das darfst du in Zukunft mir überlassen – bei mir darfst du ganz Kind sein. Du darfst spielen, lachen und auch mal traurig sein. Keine Angst – ich stehe Schmiere!«

Elternliebe

»Es ist sonderbar, aber Eltern sind auch Menschen, und sie sind, was die Herstellung und Aufzucht von Nachwuchs betrifft, so etwas wie ungelernte Arbeiter.« LORIOT

»Erst wenn man eigene Kinder hat, weiß man, wie groß die Liebe der Eltern war«, sagt ein japanisches Sprichwort und seitdem ich Vater bin, weiß ich, dass das stimmt. Vieles können wir tatsächlich erst dann nachvollziehen, wenn wir selbst Kinder haben: die Liebe zu einem kleinen Menschen, der ein Teil von uns ist, die Sorge, dass er nicht all das bekommt, was er braucht, um glücklich zu sein und sich bestmöglich zu entwickeln, und vor allem die Sorge darum, dass wir selbst als Eltern versagen könnten.

Als Vater bin ich für meine Kinder Maya und Emil eine Art Reisebegleiter bei ihrer Abenteuerreise auf dieser Welt. Ich sehe meine Aufgabe darin, ihre Stärken zu stärken und zu erkennen, dass diese kleinen Wesen aus einem Körper, einem Geist und einer Seele bestehen. Ja, ich glaube, wir Menschen haben einen Seelenplan, und wenn wir diesen ausleben, blühen wir auf. Deshalb ist mir eines besonders wichtig: Meine Kinder sollen verstehen, dass sie nichts tun müssen, um bedingungslos geliebt zu werden. Sie sind einfach genug und perfekt, wie sie sind. Alle Babys kommen ohne Filter auf die Welt. Ich möchte ihnen nicht meine Sicht auf die Dinge überstülpen, sondern so viele Lebensmomente mit ihnen teilen, wie irgendwie möglich, ihnen dabei helfen, tiefe Wurzeln zu schlagen und sich zurechtzufinden, ohne ihnen alles abzunehmen.

Meine Frau Rita und ich wollen keine Eltern sein, die kleine Kopien von sich selbst anfertigen oder ihre eigenen verpassten Chancen und Ambitionen durch sie verwirklichen. Das kann nicht funktionieren, weil es letztendlich um die Wünsche der Eltern und nicht die der Kinder geht.

Das für mich beste Beispiel, wie es gelingt, Kinder an ein Thema oder eine Leidenschaft heranzuführen, ist die Geschichte eines Orchesters, die ich einmal gehört habe und die mich nachhaltig beeindruckt hat. Dort kommen einmal im Jahr Kinder im Lagerraum für sämtliche Instrumente zusammen und dürfen sich, ohne dass ihre Eltern dabei sind, ein Instrument aussuchen. So kann es passieren, dass ein zartes 6-jähriges Mädchen auf eine riesige Tuba zeigt und diese dann stolz auf die Bühne schleppt.

Wenn sich alle Kinder entschieden haben, stehen sie irgendwann mit ihren Musikinstrumenten hinter einem großen Vorhang und dann geschieht etwas Magisches: Der Vorhang hebt sich und die Konzerthalle ist bis auf den letzten Platz gefüllt. Alle Zuschauer stehen auf und klatschen vor Begeisterung, ohne dass die Kinder dafür etwas tun müssen. Sie dürfen einfach nur »sein«. Und das hat wunderbare Folgen: In den meisten Fällen üben die Kinder dann ganz von alleine mit dem Instrument, da sie sich in die Atmosphäre verliebt haben, in der ihre erste Begegnung mit dem von ihnen selbst gewählten Instrument stattgefunden hat.

Jeder Mensch, ob Erwachsener oder Kind, sehnt sich, wie wir schon gelernt haben, nach Liebe und diese durchläuft bei Menschen im Idealfall verschiedene Stadien:

1. Als Babys fordern wir Liebe durch kräftiges Schreien ein und werden zum Trost auf den Arm genommen und gekuschelt.
2. Irgendwann lernen wir, dass wir immer dann Liebe bekommen, wenn wir etwas dafür tun oder selbst Liebe geben.
3. Du liebst einfach ohne Konventionen und ohne etwas als Gegenleistung zu erwarten? Ab dieser Stufe bist du reich an Liebe!
4. Die höchste Stufe: auch dann zu lieben, wenn du verletzt wurdest.

Leider gibt es auch erwachsene Menschen, die schreien, um Aufmerksamkeit und Liebe zu bekommen. Diese Menschen sind offenbar auf der untersten Stufe stehengeblieben. Woran liegt es, dass manche Menschen auf dieser Stufe verharren, während es anderen irgendwann gelingt, auch dann zu lieben, wenn sie verletzt wurden? Woran liegt es, dass manche Menschen beständig ein unerschütterliches Urvertrauen in sich tragen, während andere es ein Leben lang suchen und weder in sich selbst noch in anderen finden können? Woran liegt es, dass manche Menschen stabile Beziehungen in ihrem Leben aufbauen, ohne darüber nachdenken zu müssen, während andere immer wieder enttäuscht werden?

In der Kindheit sind es unsere Eltern, die uns die Welt nicht nur erklären, sondern sie für uns erschaffen. Sie zeigen uns, was Liebe ist und wie man sie lebt. Sie lehren uns, was man tun muss, um sie zu bekommen, oder sie zeigen uns bestenfalls, dass geliebt zu werden keiner Leistung bedarf. Sie legen den Maßstab für uns fest, der besagt, was gut ist und was böse. Als Kinder saugen wir all das auf wie ein Schwamm, denn wir wissen es ja nicht besser. Und vor allem tun wir eines: Wir vertrauen. Wir tun intuitiv das, was Erwachsenen oft kaum oder nur noch mit sehr großer Anstrengung, Netz und doppeltem Boden möglich ist. Kinder kommen mit dem Urvertrauen auf die Welt, dass es keiner böse mit ihnen meint und dass vor allem ihre Eltern nur ihr Bestes wollen.

Und ich bin fest davon überzeugt, dass das auch in den Fällen zutrifft, in denen zwischen Eltern und Kindern im Erwachsenenalter wenig oder gar keine Kommunikation mehr stattfindet. Deine Eltern wollten immer das Beste für dich. Was dieses »Beste« ist, haben sie selbst im Rahmen ihres eigenen Wertesystems festgelegt. Das wiederum haben sie meist von ihren Eltern übernommen und sicherlich nicht selten ungefiltert in ihrer Erziehung weitergegeben.

Daher stammt vermutlich auch so mancher Glaubenssatz über das Leben, den du heute, an der Realität deiner Welt gemessen, als falsch aus deinem Weltbild streichen darfst. »Im Leben bekommt man nichts geschenkt«, ist so ein Satz, der mir spontan einfällt. Sicher, in den entbehrungsreichen Jahren nach dem Zweiten Weltkrieg hatte dieser Satz bestimmt eine gewisse Berechtigung. Irgendwo kommt er her und irgendwann wird er gestimmt haben.

Na, zumindest ein bisschen. Denn Liebe bekommt man immer geschenkt – das war auch damals vermutlich nicht anders, aber von Liebe allein lässt es sich nun mal nicht leben. Heute jedoch gibt es eine Menge Dinge im Leben geschenkt, ohne dass jemand etwas dafür erwartet oder einen Hintergedanken hegt – einfach, weil wir in einer großartigen Zeit leben, in der viele Menschen genug von allem haben und gerne etwas davon an andere zurückgeben möchten.

Und das muss nicht materiell gemeint sein. Wer selbst seine eigenen Töpfchen im Leben gut gefüllt hat, möchte etwas davon zurückgeben. Verstehe mich bitte nicht falsch: Es gibt natürlich auch heute noch genügend Flecken auf diesem großartigen Planeten, in denen dieser Satz – »Im Leben bekommt man nichts geschenkt« – zum Alltag gehört. Nicht überall gelingt es Menschen, aus eigener Kraft ihre Lebenstöpfchen zu füllen. Und das ist traurig genug.

Vielleicht hast du von deinen Eltern immer zu hören bekommen, dass du ein Angsthase bist, und scheust deshalb auch als Erwachsener neue Herausforderungen. Oder du warst immer der »Versager« in Mathe, weil du in der Grundschule nur Dreier oder Vierer mit nach Hause gebracht hast. Das hat dich vermutlich so verunsichert, dass sich diese Abneigung in Sachen Mathe bis heute nicht geändert hat: Sobald du kopfrechnen musst, ist in deinem Hirn nur ein großer Spinatblubb und 3 mal 3 macht 6 – ganz grob geschätzt. Wir beide wissen, dass das sicherlich nicht an deinem Unvermögen liegt, die Grundlagen der Mathematik zu verstehen.

Vielleicht beschäftigt dich aber auch seit Jahren ein ganz anderer Glaubenssatz und du machst Karriere, weil deine Mutter immer gesagt hat:»Meine Tochter macht es mal anders als ich. Meine Tochter bekommt nicht so früh Kinder und sie zieht ihr Studium durch.« Doch insgeheim fühlst du dich vielleicht einsam, weil du eigentlich etwas ganz anderes willst: eine Familie und das Häuschen im Grünen – ein echtes Spießerdasein eben. Aber du lebst unbewusst die Projektion deiner Mutter – das Leben, das sie gerne gelebt hätte.

Wo auch immer diese kleinen oder großen Glaubenssätze herkommen, ich bin mir ganz sicher, dass deine Eltern dir damit nicht das Leben schwer machen wollten. Deine Eltern lieben dich und wollten immer dein Bestes. Waren sie dabei manchmal ungeduldig? Sicher. Gab es Phasen, in denen sie eher sich selbst und nicht deine Bedürfnisse in den Vordergrund gestellt haben? Vermutlich. Haben sie Muster wiederholt, die sie von ihren eigenen Eltern übernommen und unreflektiert an dich weitergegeben haben? Ganz bestimmt sogar. Und ich sage dir auch, warum: weil Eltern auch nur Menschen sind. Und weil Kinder das wundervollste, aber zugleich oft das anstrengendste und herausforderndste Geschenk sind, das wir uns jemals wünschen könnten. Und weil du als Mutter oder Vater die ganz eigene Balance zwischen zwei Dingen finden musst, die eigentlich unvereinbar sind: Du möchtest das Liebste, einen Teil deines eigenen Herzens, festhalten und musst ihm gleichzeitig Flügel geben. Eine der schwierigsten Übungen überhaupt und es ist deshalb ganz normal, mal der einen und mal der anderen Seite mehr Gewicht zu geben.

Ich persönlich glaube ja – auch wenn es wohl nur eine romantische Vorstellung ist –, dass wir uns unsere Eltern aussuchen. Meine Wahl fiel nach langer Suche auf Erika und Horst Beck aus Wuppertal. Sie waren so ziemlich die Einzigen im gesamten Universum, die bereit waren, einen unangepassten Chaoten wie mich aufzunehmen und liebevoll ins Leben zu begleiten. Rückblickend bin ich besonders dankbar für das Urvertrauen, das sie mir geschenkt haben. Ich wusste, dass ich immer wieder nach Hause kommen kann und bedingungslos geliebt werde, ohne dafür eine Leistung erbringen zu müssen. Meine Eltern gaben mir stets das Gefühl, genug zu sein und dass eines Tages schon noch irgendetwas aus mir werden würde.

Mit dem »irgendetwas« waren sie, wie es der Begriff schon sagt, relativ unspezifisch. Vor allem hatten sie einen unfassbar langen Geduldsfaden. Während andere in meinem Alter irgendwann eine Idee davon hatten, was sie nach der Schule einmal werden wollten, änderte sich mein »Plan« wöchentlich. Vom Arzt bis zum Zoologen war über den Importeur von Blaubeeren aus Alaska alles dabei und meine Eltern gaben mir bei jeder neuen Idee das Gefühl, hinter mir zu stehen und zu unterstützen, was immer mich glücklich machte. Ein großes Dankeschön voller Liebe an meine Eltern, die mir Flügel gegeben haben, damit ich heute andere Menschen beflügeln kann, die beste Version ihrer selbst zu werden. Ihr hattet es nicht immer leicht mit mir und nur durch euer Vorbild kann ich nun meinen Kindern der Reisebegleiter sein, den sie verdienen.

»Kinder, die man liebt, werden zu Erwachsenen, die lieben.«

Kinder sind von Anfang an kleine Persönlichkeiten, ausgestattet mit individuellen Charakterzügen und einem unbändigen Willen. Und sie kommen mit einem ganz eigenen »Warum« auf diese Welt. Manchmal sind sie uns so ähnlich, dass es schwerfällt, zwischen unseren und ihren Wünschen zu unterscheiden. Manchmal sind sie uns mit ihrem eigenen »Warum« so fremd, dass wir weit über unseren Horizont gucken müssen, um es zu verstehen. Manche Eltern schaffen das – andere sind dazu nicht in der Lage. Nicht weil sie böse sind (und hier distanziere ich mich deutlich von Missbrauch und Misshandlungen jeglicher Art), sondern weil sie vielleicht ihr eigenes »Warum« zu lange aus den Augen verloren haben. Oder weil ihnen schlichtweg die Kraft fehlt oder die Selbstreflexion – im ungünstigsten Fall kommt all das zusammen.

Je älter wir werden, desto schwerer fällt es uns, die Veränderungen um uns herum zu verstehen und in unsere eigene Welt zu integrieren. Wer kennt ihn nicht, den Satz »Früher war alles besser«? Das stimmt so nicht ganz, aber irgendwann ist unsere Festplatte voll und unsere Erfahrungen sind so eingefahren, dass unser Gehirn sich viel schwerer tut, neue Verbindungen zu lernen. Manchen Eltern gelingt das im Alter leichter als anderen.

Und selbst wenn Eltern merken, dass sie nicht alles richtig gemacht haben oder vielleicht sogar vieles falsch – dass sie zum Beispiel nicht immer da waren, wenn ihre Kinder sie gebraucht hätten –, schaffen sie es oft nicht, sich das einzugestehen. Sie haben schlicht Angst davor, dass sie mit diesem Eingeständnis nicht leben könnten. Manchmal ist es wichtig, eine Entschuldigung zu akzeptieren, die man niemals bekommen wird. Und das tust du nicht deinen Eltern zuliebe, sondern ganz alleine für dich selbst. Deine Eltern haben es so gut gemacht, wie sie konnten, und was immer dir in deiner Kindheit und Jugend gefehlt hat, ist im Grunde ein Puzzleteil, das nicht mehr ersetzt werden kann. Du musst dich von der Vorstellung verabschieden, dass du es jemals zurückbekommen wirst. Alles, was du tun kannst, ist, diese Lücke selbst aufzufüllen, indem du deinen Eltern dafür vergibst.

Irgendwann wird es Zeit, sich von den Eltern zu lösen. Die guten Erinnerungen zu behalten und ihnen für die schlechten zu vergeben, damit du sie in Frieden und Liebe gehen lassen kannst. Und dazu müssen deine Eltern gar nicht mehr am Leben sein. Das Schöne am

Vergeben ist, dass du niemanden sonst dazu brauchst – nur dich selbst.

Welche Glaubenssätze über dich und die Welt hast du von deinen Eltern übernommen? Schreibe sie auf und wenn du sie beibehalten willst, weil du sie für gut und richtig hältst, ist das super. Falls du jedoch sagst: »Das ist absolut nicht das, wohinter ich stehe«, dann streiche sie durch und übe dich darin, sie aus deinen Gedanken zu entfernen, wann immer sie dir wieder in den Sinn kommen.

Die Reise deines Lebens

Wie oft schaust du einem deiner Mitmenschen beim Leben über die Schulter und denkst dir dabei: Gut, kann man so machen – ist dann halt maximal ungünstig. Überrascht musst du später beim Blick aufs Ergebnis allerdings neidlos anerkennen: Eigentlich gar nicht mal so dumm gelöst.

Viele Menschen sind anders als du. Nicht einfach nur anders, sie sind oftmals grundverschieden. Sie denken über Sinnhaftigkeiten nach, die dir im Traum nicht einfallen würden, lösen Probleme auf ihre ganz eigene Art und Weise, träumen von anderen Abenteuern als du – und das ist gut so. Das macht unsere Welt bunt und aufregend. Manche müssen mit Skiern aus dem Helikopter springen, um das Leben zu spüren, während für andere schon ein Strich, den sie ohne Lineal ziehen, ein Leben am Limit bedeutet. Dass es schwierig ist, mit manchen Menschen eine Schnittmenge zu finden, bedeutet aber nicht, dass es unmöglich ist.

Auch in Disneyland sind nicht alle Charaktere gleich – aber am Ende des Tages feiern alle eine große Party zusammen, mit viel Glitzer und noch mehr Konfetti, und haben Spaß am Leben. Und darum geht es doch: Wir haben nur diese eine Reise. Wir haben nicht unendlich viel Zeit. Wenn wir alle nur einen einzigen Urlaub, eine einzige große Reise in unserem Leben vor uns hätten: Würden wir unsere Zeit damit verbringen, andauernd zu vergleichen, oder würden wir jedem Einzelnen, dem wir auf unserer Reise begegnen dürfen, gespannt zuhören, wie er die Welt sieht, und ihm beim Abschied noch den Trip seines Lebens wünschen?

Diese eine große Reise ist dein Leben.

Was unterscheidet Lebensabenteurer von den Pauschaltouristen auf diesem Planeten? Nun, Letztere werden unter keinen Umständen ihre Komfortzone verlassen, sie möchten sich nur mit ihresgleichen umgeben und sich den lieben langen Tag darüber ärgern, dass andere mehr Glück mit dem Wetter hatten, weniger bezahlt haben oder an der kürzeren Warteschlange standen. Ganz ehrlich: So würde doch kein Mensch bei klarem Verstand einen Urlaubstag vergeuden!

Abenteurer gehen die Sache ganz anders an. Sie möchten auf ihrer Reise unbedingt etwas über die Erlebnisse der Mitreisenden hören und etwas aus deren Erfahrungen lernen. Und sie wissen, dass gemeinsam erlebte Abenteuer den größten Spaß bringen.

Ich vergleiche die Reise meines Lebens gerne mit der Fahrt in einem Reisebus. Und ich meine nicht einen dieser vollklimatisierten Fünf-Sterne-Luxusbusse, sondern solche Prachtexemplare, die mitten in der Pampa auch mal einen Platten haben, bei denen bei 30 Grad im Schatten die Klimaanlage ausfällt und auch gerne mal die Toilette verstopft ist, wenn du vom Chicken Marsala Durchfall hast. Das ist Reisen außerhalb der Komfortzone, mit all den Haltestellen, Umwegen und Unglücken, die Lebensabenteurer auf ihrer einen großartigen Reise erleben.

Wir steigen in unseren Lebensbus ein, treffen unsere Eltern und denken, dass sie uns immer begleiten. Aber an irgendeiner Haltestelle werden sie aussteigen und wir müssen unsere Reise ohne sie fortsetzen. Doch es werden viele neue Reisende dazusteigen: unsere Geschwister, Cousins, Freunde, Bekannte, Lebensmentoren und sogar die Liebe unseres Lebens. Manchmal die zweite Liebe unseres Lebens. Und die dritte …

Es werden auch Menschen dazukommen, die uns zeigen, wie wir niemals sein wollen. Viele werden aussteigen und eine große Leere hinterlassen. Bei anderen werden wir gar nicht merken, dass sie ausgestiegen sind, oder aufatmen, weil sie sich aus dem Staub gemacht haben. Es ist eine Reise voller Freude, Leid, Begrüßungen und Abschiede. Einige Menschen werden Spuren in deinem Herzen hinterlassen und du wirst sie niemals vergessen.

Der Erfolg deines Lebens besteht nicht darin, zu jedem Mitreisenden eine gute Beziehung zu haben, jeden verstehen oder von deinem Weg überzeugen zu müssen. Es geht ganz einfach darum, die Reise selbst zu genießen.

Denn das große Rätsel ist doch: Wir wissen nie, an welcher Haltestelle wir aussteigen müssen, weil unser Ziel sich geändert hat oder unsere Reise zu Ende ist. Deshalb müssen wir leben, lieben, verzeihen und immer das Beste geben! Denn wenn der Moment gekommen ist, in dem wir aussteigen müssen und unser Platz frei wird, sollten nur schöne Gedanken an uns zurückbleiben – nicht, weil wir immer alles richtig gemacht haben, sondern weil wir mutig genug waren, unseren Weg an mancher Haltestelle auch einmal infrage zu stellen und Menschen dankbar gehen zu lassen, die ausgestiegen sind.

Dieses Leben ist dein Abenteuer und du ganz allein entscheidest, wohin die Reise geht.

Welche Menschen sitzen in deinem Lebensbus? Wer hat Spuren in deinem Herzen hinterlassen? Nimm jetzt dein Telefon und rufe diese wertvollen Menschen an! Erzähle ihnen von diesem Buch und dass es dich »aufgefordert« hat, an die wichtigsten Menschen in deinem Leben zu denken.

Ziehe die »richtigen« Menschen in dein Leben

Wer dich auf deiner Reise glücklich machen wird, kann ich dir nicht sagen. Um dauerhaft die Menschen in deiner Umgebung zu haben, die du dir wünschst, gibt es ein gutes Rezept: Werde selbst zu einem dieser Menschen – mit all dem, was sie auszeichnet –, dann wirst du in der Folge auch genau diese Menschen in dein Leben ziehen. Aber warum ist das so?

Weil Menschen Menschen mögen, die ihnen ähnlich sind.

Und weil Menschen kaum etwas so anziehend finden wie Authentizität. Du ahnst schon, was jetzt kommt. Genau, du musst deine Maske abnehmen und dein schützendes Visier hochklappen.

Vulnerabilität, die Macht der Verletzbarkeit, ist laut der New-York-Times-Bestsellerautorin Brené Brown (»Verletzlichkeit macht stark«), die mit ihrem »TED Talk« zu diesem Thema mehr als zehn Millionen Menschen erreicht hat, der Schlüssel, um sich mit anderen Menschen zu verbinden. Aber vielen von uns fällt es schwer, diese Verletzlichkeit zu offenbaren. Wir befürchten, dass andere Menschen nichts mehr mit uns zu tun haben wollen, wenn wir uns erst einmal von unserer verletzlichen Seite gezeigt haben. In Wahrheit ist allerdings nichts faszinierender als die Mischung aus Stärke und der ehrlichen Kommunikation deiner Schwächen nach außen.

Ja, liebe Männer, ihr dürft und müsst eure Herzen öffnen, um weiterzukommen. Oft fühlen wir uns unwürdig, uns mit anderen zu verbinden. Wir haben Angst davor, was unser Gegenüber über unsere weniger perfekten Lebensbereiche denken könnte – die Bereiche und Themen, über die wir gerne schnell eine Decke werfen, sobald unerwartet ein Mensch in unser Leben tritt. Dich so zu zeigen, wie du wirklich bist, das kostet eine Menge Mut, der jedoch bestenfalls doppelt und dreifach belohnt wird. Denn wenn du zeigst, was dich bewegt und was dich verletzbar macht, macht dich das nahbar und unglaublich anziehend für andere.

Anstatt dich also selbst den ganzen Tag zu kontrollieren und zu verstecken, lade ich dich ein, mit offenem Visier in den Austausch mit anderen Menschen zu gehen. Verletzlichkeit ist keine Schwäche, sie ist ganz im Gegenteil eine häufig unterschätzte Stärke und die Grundvoraussetzung für stabile Beziehungen.

Das gilt übrigens ohne Einschränkung: auch im Business! Die besten Leader, die ich in den letzten 20 Jahren kennengelernt habe – jene, hinter denen sich eine Mannschaft in Krisenzeiten aufstellt, anstatt der Führungsetage den schwarzen Peter zuzuschieben, weil das so schön einfach ist –, haben auf Firmenfeiern und bei anderen Gelegenheiten durchaus ihre Gefühle zugelassen und auch Fehler und Schwächen eingestanden.

Es ist gefährlich, sich seiner Verletzbarkeit zu schämen und dieses wertvolle Gefühl wegzudrücken. Mittlerweile wissen wir, dass alle Gefühle sich gegenseitig beeinflussen und immer miteinander in Verbindung stehen. Das heißt: Wenn du deine Verletzbarkeit nicht zeigst oder sie betäubst, kann sich das, ohne dass du Kontrolle darüber hast, auf deine Fähigkeit, Glück, Freude und Liebe fühlen zu können, auswirken.

Ich war vor ein paar Jahren auf einem Seminar in Thailand, bei dem mir vor Augen geführt wurde, wie wunderschön Menschen sind, sobald sie sich nicht mehr hinter Äußerlichkeiten verstecken. Uns allen wurden Dinge weggenommen, die wir nutzten, um uns nach außen zu verschönern. Bei vielen Frauen war es das Make-up und bei mir ging es ums Haargel und die Klamotten.

Da saß ich nun, in Unterwäsche und mit ungewaschenen Haaren, in einer Gruppe mir völlig unbekannter Menschen, und meine innere

Stimme machte mich erst einmal wahnsinnig. Das ging so lange, bis mir irgendwann auffiel, wie schön plötzlich alle mit ihrer unperfekten Erscheinung waren. In diesem Moment realisierte ich, wie oft ich selbst nach außen hin eine Fassade aufbaue, nur um vermeintlich stark zu wirken. Das setzte einen Prozess in mir in Gang, der noch immer nicht abgeschlossen ist. Ich arbeite weiter daran, meine Maske der Eitelkeit abzulegen und mich ungeschützt mit den Herzen der anderen Menschen zu verbinden. Leicht ist das nicht, aber es gelingt mir von Tag zu Tag besser. Probiere es doch mal aus! Du hast wenig zu verlieren, aber viel zu gewinnen. Überlege: Wie – mit welchen Mitteln – baust du anderen Menschen gegenüber eine Fassade auf?

Den Satz »Du bist die Summe der Menschen, mit denen du dich am häufigsten umgibst« hast du mit Sicherheit schon oft gehört. Nach der Lektüre dieses Buches bitte ich dich, einen ehrlichen Realitätscheck zu machen. Wer tut dir gut und unterstützt dich in deinem Sein und deinen Träumen und wer ist ein echter Energievampir? Diese Einteilung in »gut« und »schlecht« ist deshalb so wichtig, weil andere Menschen einen immensen Einfluss auf dich und dein Leben haben. Sei vorsichtig, wem du die Türe öffnest, denn dein Leben nimmt erst einmal ungefragt alles und jeden auf.

Hat sich schon einmal jemand aus deinem Bekanntenkreis durch eine neue Partnerschaft grundlegend verändert? Mir ist so etwas schon passiert: Ich habe einen der lebenslustigsten und fröhlichsten Menschen in meinem Leben an einen Energievampir verloren. Steter Tropfen höhlt nun mal den Stein. Und so ist dieser Mensch über all die Jahre zu einer Person geworden, die ich nicht wiedererkannt habe. Und das hat mit etwas zu tun, das wir schon an anderer Stelle festgestellt haben: Wir werden zwangsläufig zu dem, womit wir uns beschäftigen.

Wir schützen unser Zuhause vor Einbrechern, haben ein Programm auf dem Computer, das uns vor Hackerangriffen und Viren schützt, aber wie schützen wir das Kostbarste, das wir haben?

Das plastischste und mitunter simpelste Beispiel, das ich dir für diesen Sachverhalt geben kann, ist die Lippenpflege. Deine Lippen fragen nicht nach, ob der Pflegestift, den du benutzt, gesundheitlich unbedenklich ist oder krebserregende Substanzen enthält. Sie nehmen einfach nur auf, was du ihnen gibst, und verteilen die Stoffe in deinem Körper. Ich denke, du hast die Analogie verstanden.

Die Lösung für dieses Dilemma ist eigentlich ganz einfach: Umgib dich mit Menschen, die auf der gleichen Lebensmission sind wie du. Welche Menschen wünschst du dir in deinem Umfeld? Welche Charaktereigenschaften sollen sie haben? Nach welchen Werten sollen sie leben? Wie sollen sich diese Menschen verhalten? Wie sollen sie nach außen auftreten?

Mein Tipp an dieser Stelle: Werde zu dieser Liste, denn dann ziehst du ganz automatisch Menschen in dein Leben, die dir guttun, anstatt dir Energie zu rauben. Stelle dir dafür folgende Frage: Welche Lücke musst du noch schließen zwischen der Person, die du bist, und der Person, die du gerne sein möchtest?

Danke, nein danke

Genau zu reflektieren, mit wem ich meine Zeit verbringe, war rückblickend der vielleicht wichtigste Schritt in meiner Entwicklung der letzten 20 Jahre. Früher war es mir unglaublich wichtig, zu den Coolen zu gehören. Und obwohl ich selbst eigentlich niemals richtig cool gewesen bin, habe ich mich da so reingemogelt.

Und das sah so aus: Ich war freitagsabends schon mit beim Vorglühen, um im Anschluss das gesamte Wochenende durchzufeiern und Party zu machen. Wenn mein Weltschmerz mit Alkohol betäubt war und mir Menschen, die ihre Gefühle sonst nicht zeigen konnten, ins Ohr nuschelten, wie lieb sie mich hatten, war meine Welt in Ordnung. Warum? Weil das für mich der beste Beweis war, dass ich dazugehörte. Denn ich hatte, ehrlich gesagt, panische Angst vor dem Alleinsein. Die Meinung anderer Leute über mein Aussehen und meine Ansichten war mir unfassbar wichtig und mein mangelndes Selbstwertgefühl habe ich durch blöde Sprüche überspielt. Ich habe sogar Kleidung getragen, die andere für mich ausgesucht hatten, und habe versucht, mich immerzu anzupassen.

Irgendetwas in mir widersetzte sich allerdings irgendwann diesem Teufelskreis. Ich weiß nicht, ob du vielleicht auch schon einmal das Gefühl hattest, irgendwie anders zu sein als die Menschen in deiner Umgebung. So erging es mir. Ich war nachhaltig verwirrt: Durfte ich wirklich anders sein? Wer gab mir das Recht dazu? Wer war ich schon?

Mich zog es schon immer raus in die Welt und ich habe früh damit begonnen, Bücher zum Thema Persönlichkeitsentwicklung zu lesen. Ich besuchte Seminare, die mich inhaltlich begeisterten und von denen ich ebenso begeistert meinen Freunden erzählte. Ich hoffte inständig, mit ihnen gemeinsam wachsen zu dürfen, und begann – leider – sie zu missionieren. Ich habe dann schnell gemerkt, dass mich viele als Spinner, Schwätzer oder Träumer abstempelten und nur die allerwenigsten aus meiner Truppe meinen neuen Blick auf die Welt mit mir teilten.

Ich dachte plötzlich groß und ließ mir keine Regeln und Konventionen mehr vorschreiben. Von diesem Moment an gehörte ich nicht mehr dazu, ich war das schwarze Schaf, und hinter meinem Rücken wurde getuschelt. Das war der Beginn des persönlichen Auswahlprozesses in meinem Leben; ich machte mir eine Liste von Attributen, die ich in Menschen sehen wollte, um mit ihnen meine kostbare Lebenszeit zu verbringen:

Das suchte ich:
- Großdenker
- Macher
- Liebe in den Augen
- Verletzbarkeit
- Liebe
- Soziales Engagement
- Holistisches Denken
- Vergebung

Das wollte ich nicht mehr:
- Drama
- Missgunst
- Opferhaltung
- Gejammer
- Lügen
- Lästern
- Klein denken
- Hass
- Eifersucht

Kontakte
- ☑ Sascha Saufkumpel
- ☑ Paula Partykanone
- ☑ Miriam Meckertante
- ☑ Olga OneNightStand
- ☑ Leo Leihmirgeld

Alle Löschen

Zeit für deine Liste. Was möchtest du in Menschen sehen und wo ziehst du zukünftig die rote Karte?

47

Heute habe ich keine Lust mehr, Theater zu spielen und mich mit Menschen zu umgeben, bei denen mein Herz nicht zu 100 Prozent »Ja« schreit. Das habe ich lange genug getan. Und das Schöne am Älterwerden ist doch zum Beispiel die Entspannung, mit der wir plötzlich ohne Probleme »Nein« sagen können. Es geht dabei nicht darum, das frühere Leben schlechtzumachen. Begreife die gemeinsamen Momente in der Vergangenheit als Geschenk und gehe zukünftig deinen Lebensweg mit einer Hand voll Menschen, die ähnliche Werte und Normen haben wie du selbst. Das ist die Glücksformel. Lange habe ich mein Leben nach der Meinung anderer ausgerichtet und das hat mich sehr unglücklich gemacht. Ich bin so dankbar, nur noch Zeit mit Menschen zu verbringen, die mir guttun.

Es wird irgendwann der richtige Zeitpunkt kommen, um klärende Gespräche zu führen. Rückblickend war dieser Schritt dafür verantwortlich, dass ich heute da stehen darf, wo ich bin. Irgendwann habe ich mein Adressbuch durchgescrollt und mir dabei folgende Fragen gestellt:

- Wer tut mir gut?
- Nach welchen Gesprächen fühle ich mich beflügelt?
- Wer tut mir nicht gut?
- Wer entzieht mir Energie?

Dann kam der wahrscheinlich schwierigste Schritt überhaupt, denn ich habe einige Saufkumpanen, Nörgler und Energievampire angerufen. Die Gespräche mit ihnen liefen alle ungefähr folgendermaßen ab:

»Hallo, hier ist der Tobi. Ich möchte dir heute etwas sehr Wichtiges sagen und bitte dich, mir kurz zuzuhören. Wir hatten eine richtig schicke Zeit und ich bin dankbar für die ganzen Momente mit dir. Seit Längerem sind wir auf vollkommen verschiedenen Lebenswegen unterwegs und unsere Prioritäten haben sich komplett verlagert. Immer wenn ich mit dir rede, habe ich das Gefühl, dich in meine Welt zu ziehen, wo du aber gar nicht hinmöchtest, und umgekehrt ist es genauso. Ich werde nun in der Zeit, die wir sonst mit Saufen und Feiern verbracht haben, an meinen Träumen und Zielen arbeiten. Wenn du mich auch nur ein wenig magst, bitte ich dich, meine Entscheidung zu akzeptieren.«

Diese Gespräche sind mir oft sehr schwergefallen. Der nächste logische Schritt bestand damals für mich darin, in eine andere Stadt zu ziehen – so konnte ich am besten der Versuchung widerstehen, in alte Muster zurückzufallen. Auch wenn es wehtut: Es ist wichtig, die Wahrheit zu sagen, und dazu gehört auch ein »Danke für die Einladung«, aber gleich im Anschluss ein »Nein danke, ich werde nicht kommen«! Niemals besuche ich Veranstaltungen nur aus Höflichkeit, denn dafür habe ich auf meiner kurzen Reise auf diesem Planeten echt keine Zeit.

Mein bester Freund aus der Schulzeit rief mich kurz vor meiner Hochzeit an, um mir zu sagen, dass er nicht zu meinem Junggesellenabschied kommen würde. Seine Begründung: Da seien nur Menschen, mit denen er einfach nichts anfangen könne. Damals hat mich das sehr verletzt, doch im Nachgang bin ich dankbar für seine offenen Worte. Ich hatte mein Umfeld vollkommen verändert und mein neues Umfeld hat mich vollkommen verändert.

Viele haben sich damals für ein anderes, in Teilen sichereres Leben mit einem soliden Job entschieden, und das akzeptiere ich voll und ganz. Manchmal wünschte ich mir sogar, ich wäre so, aber ich bin es nicht. Und soll ich mir das Träumen verbieten lassen, nur um mit Menschen zusammen zu sein, die mir einst wichtig waren?

Beziehungen zu Mentoren

»A mentor is someone that allows you to see the hope inside yourself.«
OPRAH WINFREY

Kürzlich wurde ich während eines Radiointerviews gefragt: »Wenn du wieder bei null starten und deinen Erfolg ganz neu aufbauen müsstest und wenn du dafür nur eine einzige Sache behalten dürftest, welche Sache wäre das?« Zunächst habe ich die Frage nicht verstanden und die Moderatorin ging tiefer: »Du kannst auswählen, was du behältst: dein Team, deinen Podcast, deinen Newsletter, deine Reichweite auf den sozialen Medien ...«

Da musste ich nicht lange überlegen: Das Einzige, was ich behalten würde, wäre das Adressbuch mit den Kontaktdaten meiner Mentoren. Warum? Weil ich mit der Hilfe dieser großartigen Menschen in ein paar Monaten wieder auf den Beinen wäre. In den letzten 20 Jahren hatte ich immer einen gewissen Anspruch an mich selbst: Ich wollte Mentoren – also Menschen, die deutlich weiter waren, als ich selbst – einen Mehrwert bieten und auf deren Beziehungskonto einzahlen, und zwar ohne jemals nach einer Gegenleistung zu fragen. Frei nach dem Motto: Werde so gut, dass man dich nicht mehr übersehen kann, anstatt dem dämlichen Satz zu frönen: »Fake it till you make it.« Mentoren erkennen Fakes bereits einen Kilometer gegen den Wind und nehmen sofort Abstand, wenn sie merken, dass du nicht echt bist und nur eine Rolle spielst. Mentoren fragen sich während einer Begegnung ausschließlich:

Sehe ich mich in dir?

- Bist du eine jüngere Version von mir?
- Bist du bereit, einen ähnlichen Preis zu zahlen wie ich?
- Sehe ich das Feuer in deinen Augen und den Hunger in dir?

Wenn all das auf dich zutrifft, nehmen Mentoren dich automatisch mit auf die Reise, ohne, dass du sie darum bitten musst. Das würde ich an deiner Stelle ohnehin nicht tun, denn es zeugt von geringem Selbstwertgefühl. Am besten bringst du von der ersten Minute an so viel Mehrwert in eure Beziehung ein, dass dein zukünftiger Mentor gar nicht anders kann, als dich unter seine Fittiche zu nehmen.

Es bringt also rein gar nichts, einen Influencer nach dem anderen anzuschnorren. Mein gut gemeinter Rat: Gehe mit einer Frage und einem Angebot in das Gespräch mit dem potenziellen Mentor, die deine innere Einstellung spiegeln: »Was kann ich für dich tun?« 99 Prozent aller Anfragen, die ich persönlich bekomme, sind freundlich, zurückhaltend und verständnisvoll. Aber es gibt auch einige negative Geschichten, die deutlich machen, wie man zumindest mich nicht auf eure Seite ziehen kann. Beispiel gefällig?

Vor einigen Monaten stand ich mit heruntergelassener Hose vor einem Pissoir und erfreute mich daran, nach dreistündiger Anreise genüsslich zu pinkeln. Ehe ich mich versah, haute mir jemand von hinten auf die Schulter, sodass ich leicht nach vorne kippte, und eine nach Zigaretten stinkende Wolke säuselte mir ins Ohr. »Hömma, du hast doch so eine große Reichweite, ich mache jetzt Gesundheitsprodukte und lasse dir mal eine Probe da.«

Noch bevor ich reagieren konnte, war es schon zu spät und ich fühlte, wie eine Hand an meiner heruntergelassenen Hose nestelte und etwas hineinstopfte. Nach dem Besuch des stillen Örtchens fand ich eine Visitenkarte mit Produktproben in meiner Hosentasche.

Freunde, so funktioniert es nicht! Unabhängig davon bin ich ein großer Freund einer konsequenten Haltung und würde mich mit einem Raucher ohnehin nicht über Nahrungsergänzungsmittel unterhalten.

Wenn du einen Mentor gewinnen willst, gebe ich dir einen Tipp. Du solltest die Antworten auf die folgenden drei Fragen so gut parat haben, dass du sie zukünftig sogar im Aufzug vom ersten in den fünften Stock und zurück nach einer Party um vier Uhr morgens abspulen könntest:

- Was hat der Mentor davon, dass es dich gibt?
- Welche Probleme kannst du für den Mentor lösen?
- Was haben andere davon, dass es dich gibt?

Dazu möchte ich euch gerne die Erfolgsgeschichte von Justin erzählen. Über Wochen erhielten wir über verschiedene Kanäle immer wieder eine Initiativbewerbung – sie kam von Justin, der gerne in meinem Unternehmen als Videograf arbeiten wollte. Aufgrund der Vielzahl der Bewerber können wir gar nicht jedem gerecht werden und sagten ihm höflich ab. Wir konnten ja nicht wissen, wie wertvoll Justin in der Zukunft für uns werden sollte. Aber damit war die Geschichte noch nicht zu Ende.

Als ich wieder einmal in einem meiner Lieblingshotels in Hamburg übernachtete, bekam ich einen Anruf von der Rezeption: Jemand hatte ein Paket für mich abgegeben. Das ist nichts Besonderes, denn es kommen jede Woche viele Pakete mit durchaus kreativen Bewerbungen. Justin allerdings wartete einen günstigen Zeitpunkt ab und nachdem er bei Instagram gesehen hatte, dass ich relaxed in meinem Zimmer war, übergab er das Paket im Hotel. Der Inhalt haute mich aus den Socken, denn der junge Mann hatte wochenlang das gesamte Videomaterial, das er über mich und meine Arbeit finden konnte, verarbeitet und veredelt. In dem beigelegten Brief stand: »Macht damit, was ihr möchtet, hiermit überlasse ich euch sämtliche Rechte.« Natürlich haben wir uns sofort bei ihm gemeldet und ihm umgehend einen Job im Team angeboten.

Vorarbeiten, einen günstigen Zeitpunkt abwarten, ohne Erwartungen in die Situation gehen, das ist die Geheimformel. Dienen, dienen und nochmals dienen! Dann nehmen dich andere mit auf die Reise.

Beziehungskonten

Was bei Banken selbstverständlich ist, scheint uns in der Beziehung zu unseren Mitmenschen irgendwie fremd. Für mich ist eine Beziehung wie ein Bankkonto. »Tobi, das ist doch unromantisch«, wirst du vielleicht sagen. Ich weiß, aber es macht Sinn, also lass es mich dir erklären.

Genau wie bei einem Bankkonto kannst du von einem Beziehungskonto nichts abheben, wenn du zuvor nichts eingezahlt hast. Klingt irgendwie logisch, oder? Du kannst es aber natürlich trotzdem versuchen und es gibt eine Menge Beziehungen, bei denen das eine Zeit lang funktioniert. Allerdings ist bei Beziehungskonten, genauso wie bei deiner Hausbank. irgendwann Payback Time. Ich weiß nicht, wie gerne du Schulden machst und deinen Dispo ausreizt, aber das dicke Ende kommt immer, mit Zins und Zinseszins.

Wie sieht das jetzt in Beziehungen ganz konkret aus? Menschen, deren Beziehungskonto du über die Maßen strapazierst, indem du über längere Zeit mehr abhebst als einzahlst, werden irgendwann einfach nicht mehr für dich da sein.

Natürlich: In jeder Beziehung gibt es Phasen, in denen einer mehr vom gemeinsamen Beziehungskonto abhebt, als er einzahlt – das nennen wir den ganz normalen Wahnsinn des Lebens. Aber wenn wir nicht darauf achten, dass dieses Konto in der Summe immer wieder ausgeglichen wird, dürfen wir uns nicht wundern, dass unsere Beziehungen nicht funktionieren. Und da spreche ich nicht nur von Partnerschaften. Alle unsere Beziehungen haben dieses fiktive Konto, vom dem beide abheben und in das beide einzahlen dürfen. Das gilt in Geschäftsbeziehungen genauso wie in Freundschaften oder innerhalb der Familie.

Ich sehe in meinem Umfeld viele Beziehungen, die vor sich hin kränkeln. Und es lässt sich relativ schnell feststellen, dass es sich bei diesen fast immer um eine Plus-Minus-Geschichte auf dem Beziehungskonto handelt. Ein Partner gibt mehr, als er nimmt, und der andere nimmt mehr, als er gibt. Das ist ein ungesundes System und kann auf Dauer nicht funktionieren. Überlegt nun selbst einmal, ob eure Beziehungskonten zu den wichtigen Menschen in eurem Leben ausgeglichen sind. Fragt sie vielleicht ganz direkt danach, wie sie das einschätzen, und seht zu, dass ihr eure Schulden begleicht.

Ob ihr das mithilfe der magischen fünf Sprachen tut, um die es gleich noch gehen wird, oder ob ihr andere Ideen habt, ist im Grunde egal – wichtig ist, dass ihr unterm Strich beide das Gefühl habt, auf ein Plus zu kommen. Dafür ist es unabdingbar, dass ihr miteinander kommuniziert. Frag deine Freunde, bei denen du dir nicht sicher bist, oder bitte zeitnah um ein Gespräch, wenn du das Gefühl hast, dass du mehr gibst, als du zurückbekommst. Vielleicht formulierst du deine Gedanken dazu auch in einem Brief. Wichtig ist nur, dass du nicht mit Vorwürfen kommst, sondern bei dir und deinen Gefühlen zu diesem Ungleichgewicht auf eurem Beziehungskonto bleibst.

Denn von einer Sache kannst du sicher ausgehen: Niemand wird es je schaffen, deine Gedanken zu lesen. Du musst in Beziehungen schon formulieren, was du wahrnimmst, wie es sich für dich anfühlt und was du gerne anders hättest. Nur so entsteht ein Dialog ohne Vorwurf, der die Möglichkeit in sich birgt, etwas zu verändern. Wir alle haben so viele Beziehungskonten in unserem Leben. Es ist absolut sinnvoll, wenn man uns hin und wieder darauf hinweist, dass das ein oder andere Konto gerade grenzwertig überzogen wird. Die Verantwortung für dieses gemeinsame Konto tragen immer beide.

Welches Beziehungskonto hast du gerade überzogen und bei welchem hast du das Gefühl, andauernd mehr einzuzahlen als abzuheben?

Code of Honor

Die meisten Beziehungen im geschäftlichen und privaten Umfeld gehen daran kaputt, dass Erwartungen nicht erfüllt werden, und das zu absoluter Frustration führt. Du kennst das bestimmt auch: Andauernd informiert uns unser Gehirn darüber, dass unser Gegenüber besser hätte reagieren können, und »überlegt« für uns, was schöner gewesen wäre und was wir uns stattdessen gewünscht hätten. Oft sind wir einfach nur enttäuscht, frustriert und genervt, aber leider sagen wir meistens nicht das, was wir wirklich denken. Wie lässt sich das vermeiden? Die geheime Rezeptur für glückliche und langanhaltende Beziehungen ist aus meiner Sicht ein Ehrencodex mit gemeinsam definierten Werten oder, etwas direkter formuliert: Regeln. Ja, Beziehungen brauchen Regeln, die immer dann greifen, wenn jemand aus der Reihe tanzt. Als ich mit 18 Jahren bei der Feuerwehr in Wuppertal war, wurde mir direkt am ersten Tag erklärt, worauf es abseits der ganzen Paragrafen ankam:

»Niemals lassen wir einen Kameraden im Stich.«

Übersetzt heißt das: Wenn ich mit meinem Partner in ein brennendes Haus gehe, gehen wir auch gemeinsam wieder raus. Es ging um viel mehr als um Einsätze mit Blaulicht. Es ging um Ehre! Viele Institutionen nutzen dieses Werkzeug, um unnötigen Diskussionen vorzubeugen. Mit Sicherheit fallen dir spontan ein paar gute Beispiele ein, wie etwa das Militär oder auch der Katastrophenschutz. Ein Ehrencodex funktioniert allerdings immer nur dann, wenn er von allen Beteiligten getragen wird und es eine Konsequenz für die Missachtung des Codex gibt. Bei der Feuerwehr zum Beispiel musste ich einmal einen Krankenwagen mit der Zahnbürste innen und außen sauberschrubben, weil ich unter Stress während eines Einsatzes einen blöden Spruch vom Stapel gelassen hatte. Dass die Prozedur bei Minusgraden im Winter und draußen stattgefunden hat, brauche ich hier wohl nicht extra zu erwähnen. Strafe muss sein!

Ich bin seitdem ein großer Fan von gemeinsam aufgestellten Regeln. Auch in meinem Team, das wie eine Familie zusammenarbeitet, haben wir selbstverständlich einen Code of Honor implementiert. Wenn ein neues Mitglied ins Team kommt, wird ihm als Erstes dieser Code erklärt, und zwar inklusive der Konsequenz, die einen erwartet, sollte man dagegen verstoßen. Da bei einem dezentralisiert und virtuell arbeitenden Unternehmen das Reinigen mit Zahnbürste als Maßnahme ausfällt, haben wir uns auf soziale Arbeit verständigt. Ob Muffins backen für den Kindergarten oder Weihnachtslieder spielen im Altersheim: Alle machen mit, vom Praktikanten bis zum Inhaber – anders funktioniert es nicht. Ohne Ausnahme! Sobald du ein einziges Mal der Versuchung erliegst, die Regeln zu brechen, ist es so, als hättest du diese Regeln niemals aufgestellt.

Bei uns sind folgende Werte definiert:

Pünktlichkeit

Es gibt wenige Dinge, die unhöflicher sind, als Menschen das Wertvollste zu stehlen, was sie haben: Zeit. Deshalb sind bei uns immer alle Teammitglieder mindestens zehn Minuten vor Beginn eines Treffens im Raum.

Präsent sein

Jemandem deine bedingungslose Aufmerksamkeit zu schenken, ist im Zeitalter der Smartphones selten geworden. Deshalb schaut niemand während eines Meetings oder Essens auf sein Handy, sondern wir konzentrieren uns zu 100 Prozent auf unser Gegenüber.

Respekt

Wir sind ein bunter Haufen Menschen und funktionieren gerade deshalb so gut miteinander, weil wir so verschieden sind. Dazu gehört es, die Meinungen der anderen zu respektieren, selbst wenn der Rest des Teams anderer Ansicht sein sollte.

KZP – Komm Zum Punkt

Wie ihr mittlerweile wisst, will ich keine Zeit verschwenden, und deshalb haben wir »Komm Zum Punkt« eingeführt. Ohne langes Vorgeplänkel lösen wir Probleme, anstatt ewig um den heißen Brei herumzureden.

100 Prozent

Egal welches Projekt wir angehen, wir machen es entweder mit 100 Prozent oder gar nicht.

Dieser Punkt ist eine ideale Überleitung ins Privatleben, denn auch meine Frau Rita und ich haben einen Codex, der für uns viel wichtiger ist als irgendwelche Papiere. Stell dir einmal vor, du sitzt vor dem Start im Flugzeug und der Pilot macht folgende Ansage: »Meine Damen und Herren, heute wollen wir ein Experiment machen. Wir lassen die Turbinen nur mit 99 Prozent laufen und schauen mal, was passiert.« Was würdest du tun? Aussteigen? Genau!

Und so steigen Menschen aus Beziehungen mit dir aus, wenn du keine 100 Prozent bringst. Ich kenne eine Menge Paare, die keine 100 Prozent mehr geben, und die Trennung wird nicht lange auf sich warten lassen. Niemand hat Lust, mit angezogener Handbremse mit dir durchs Leben zu reisen. Und: Nur 99 Prozent zu geben, ist anstrengender, als noch das eine Prozent draufzulegen.

Glaubst du nicht? Setz dich mal aufs Sofa – aber nicht zu 100 Prozent, sondern halte zwei Zentimeter über der Sitzfläche inne. 99 Prozent sind schon nach drei Minuten verdammt anstrengend, oder?

Social Media Relationships

May your life be as amazing, as your social media profiles make it seem.

Heute schon gelebt? Ich meine in deinem Instagram-, Facebook-, Twitter- oder Social-irgendwas-Leben?

Manchmal beschleicht mich ein seltsames Gefühl: Wie wäre es, wenn ich keinen Social-Media-Account hätte, auf dem ich täglich einige Fotos poste? Dann hätte ich doch irgendwie nur halb gelebt. Oder einmal, statt wie andere zweimal. Denn unsere Social-Media-Leben sind im Grunde doch nur semi-identisch mit dem, was wir hinter Filtern, Weichzeichnern, perfekten Bildausschnitten und geistreichen Zitaten wirklich Leben nennen.

Freunde, wenn wir nicht höllisch aufpassen, verlernen wir oder zu mindest kommende Generationen irgendwann gänzlich, echte und vor allem gesunde Beziehungen im realen Leben aufzubauen!

Wie ich darauf komme? Unsere Kommunikation basiert heute mehr denn je auf sozialen Netzwerken und Messenger-Diensten. Selbst die Partnerwahl findet vermehrt online statt. Und die Auswahl ist riesig: Große Nase mit Doktortitel, blond mit Diplom oder doch lieber ganzkörpertätowiert mit beidem? Ich bin ja schon viel zu lange raus aus dem Geschäft, aber das ist doch so, als würde man sich einen Partner aus dem Versandhauskatalog aussuchen. Nur dass dieser dann nicht im Karton, mit 14 Tage Rückgaberecht direkt zu dir nach Hause geliefert wird. Aber was nicht ist, kann ja noch werden. Wir fangen doch gerade erst an, uns in unseren sozialen Netzwerken einzuleben.

Nie hatten wir eine solche Flut von scheinbar zu uns passenden Menschen zur Auswahl, mit denen wir uns in Sekundenschnelle über den gesamten Globus vernetzen könnten. Freundschaft – das ist eigentlich etwas, das Zeit braucht, etwas, das man sich in der Beziehung zu anderen Menschen erarbeiten muss. Das hat mit Vertrauen zu tun, mit gemeinsamen Werten, mit magischen Momenten, die zwei Menschen auf eine ganz besondere Art miteinander verbinden – oft ein Leben lang.

Freundschaft in sozialen Netzwerken hingegen ist mit einem Klick akzeptiert – aber genauso schnell auch wieder gelöscht. Hier vermischt sich etwas, das wir für uns unbedingt trennen sollten. Unsere »Likes« sind längst zu virtuellen Umarmungen geworden. Forscher an der University of California haben 2016 im Zuge einer Social-Media-Studie sogar herausgefunden, dass Likes auf sozialen Medienplattformen das Belohnungszentrum in unserem Gehirn aktivieren. Die Wissenschaftler haben Menschen in einen Magnetresonanztomographen geschoben, ihnen Bilder mit Likes gezeigt und festgestellt, dass dabei die gleichen Hirnregionen aktiviert werden wie bei anderen Tätigkeiten, die uns glücklich machen – zum Beispiel wenn wir ein Stück Schokolade essen, Sex haben oder anderweitig Freude empfinden. Ist das nicht gruselig?

Wenn wir ein Like für unsere Posts bekommen, werden im limbischen System, dem Belohnungszentrum unseres Gehirns, vermehrt Botenstoffe ausgeschüttet, die uns glücklich machen. Und weil unser Gehirn gerne glücklich ist, möchte es, dass wir diese Aktionen regelmäßig wiederholen. Das legt nahe, dass positive Reaktionen auf unsere Social-Media-Aktivitäten ein gewisses Suchtpotenzial bergen. Die Aufmerksamkeit und das Gefühl, anderen zu gefallen, tut uns einfach so gut, dass wir beides immer wieder brauchen. Und diese Form der Bestätigung ist schnell verfügbar, auch wenn es uns gerade schlecht geht – ein schnelles Selfie mit drei Sonnenscheinfiltern und sofort kommt ein bisschen digitales Dopamin bei uns an.

Viele wachen morgens auf und checken noch vor dem Aufstehen ihre Mails, die neuesten Likes und Status-Updates, um sich mit anderen verbunden zu fühlen. Und wir wissen ja: Was man oft genug wiederholt, wird für unser Gehirn zur Normalität.

Dieser eindimensionale Kontakt zu unserer Umwelt lässt uns allerdings so unendlich vieles verlieren – vor allem den Kontakt zu den echten Menschen dahinter. Menschen ohne Filter, die uns permanent Perfektion suggerieren. Es gibt Menschen, die ich im echten Leben gar nicht wiedererkennen würde. Was früher den Stars aus Hollywood vorbehalten war, kann sich heute jeder aufs Handy laden: »Einmal Fake-Leben to go, bitte.« Und dann wundern wir uns ernsthaft, dass wir nicht mehr wissen, wie wir in echte Beziehung zu unseren Mitmenschen treten, geschweige denn bleiben?

Woher sollen unsere Kinder wissen, dass es sich bei diesem virtuellen Fake-Leben nicht um einen Teil der Realität handelt – aus Erfahrung? Aus welcher denn? Selbst uns Erwachsenen fällt es doch manchmal schwer, hinter diese perfekte Fassade zu schauen und uns in Erinnerung zu rufen, dass soziale Medien niemals die Realität abbilden. Was tun wir da eigentlich? Wir geben vor, das perfekte Leben zu leben, und vergleichen uns permanent mit einer Scheinwelt, die gar nicht existiert. Ganz schön kompliziert, oder?

Überhaupt nicht kompliziert, denn das wissen wir doch alles. Aber wissen wir es wirklich? Oder verspüren wir nicht doch manchmal diese unterschwellige Angst, es könnte bei anderen alles schöner, besser, toller sein und der Filter, den wir vermuten, ist vielleicht gar keiner? Haben wir nicht manchmal das Gefühl, dass um uns herum ganz viel perfektes Leben ist und nur wir kriegen das nicht so hin?

Versteht mich bitte nicht falsch: Die sozialen Medien sind natürlich eine tolle Sache, um sich zu vernetzen. Ich erreiche Menschen damit, die sonst niemals auf mich aufmerksam geworden wären. Es ermöglicht meiner Crew, unkompliziert Bewohnerfrei-Treffen mit immenser Reichweite zu initiieren – und so Menschen, die gleich denken, ähnliche Ideen vom Leben haben und weiterkommen wollen, auf unseren Events zusammenzubringen. Wir nutzen Social-Media-Kanäle, um das echte Leben dahinter gemeinsam zu feiern.

Denn wir dürfen nicht verlernen, auf das zu schauen, was uns hinter diesem Profil wirklich ausmacht. Auf das, was bleibt, wenn der Filter weg ist. Das, was uns menschlich macht, dem anderen näherbringt und so viel mehr ist, als Photoshop jemals faken könnte. Dein Wert kann nicht in Likes gemessen werden.

Hör auf dich zu vergleichen!

Die Schönheit eines anderen Lebens nimmt dir nicht die Schönheit deines eigenen! Du weißt nie, was dahintersteckt. Meine Erfahrung aus den letzten Jahren hat gezeigt, dass das Gras auf der anderen Seite oft nur deshalb grüner ist, weil es dort verdammt viel regnet.

Nimm mal wieder richtige Beziehungen zu deinen Mitmenschen auf und frage sie, wie es ihnen geht. Nach dem ersten »Gut« fragst du einfach noch einmal und tust das so lange, bis dein Gegenüber merkt, dass deine Frage nicht nur eine Floskel ist. Und dann kommt der schwierige Teil: Jetzt musst du zuhören, um wirklich mitzubekommen, was dir dein Gegenüber sagt. Auch das verlernen wir nämlich gerade!

Wir sind nur noch diejenigen, die senden und posten. Wir sind diejenigen, die bestimmen, wann und wo wir unsere sozialen Kontakte virtuell konsumieren – nämlich nur dann, wenn es uns in den Kram passt. Eine Nachricht, die gerade ungelegen kommt? Müssen wir ja nicht sofort beantworten – die Sprach- oder Textnachricht wartet geduldig, bis wir Zeit finden, darauf zu reagieren. Das hat unglaubliche Vorteile, weil es uns unseren Tag ganz selbstbestimmt planen lässt. Aber es hat auch einen entscheidenden Nachteil.

Im direkten Kontakt mit Menschen müssen wir reagieren, empathisch sein und das instant und nicht irgendwann, wenn wir lange genug darüber nachgedacht haben, was wir antworten könnten. Im direkten Kontakt mit echten Menschen schulen wir unsere Fähigkeit, Mimik und Gestik zu deuten, und wir können so unendlich viel mehr verstehen und zurückgeben, als das über irgendeinen Messenger möglich ist.

Durch unser Smartphone fühlen wir uns mit so vielen Menschen verbunden wie nie zuvor und sind doch einsamer denn je. Denn das Einzige, was uns wirklich verbindet, sind gemeinsam erlebte Emotionen und gemeinsam gesammelte Lebensmomente – nicht das morgendliche Checken der 1000 neuen Likes. Lebensmomente sind das, was uns bleibt, wenn wir am Ende unseres Lebens zurückblicken. Ich habe jedenfalls noch nie von einem Menschen auf dem Sterbebett gehört, der gesagt hätte:

»Ich wünschte, ich hätte in meinem Leben mehr WhatsApp-Nachrichten gesendet und Likes für retuschierte Selfies gesammelt.« Aber eine Menge Menschen bereuen es, nicht mehr Lebensmomente mit den Menschen gesammelt zu haben, die ihnen wirklich am Herzen lagen. Und Lebensmomente sammeln wir nicht über unsere Smartphones, sondern live und in Farbe, im echten Leben. Bei einem Backpacking-Urlaub durch den Himalaya, einem Grillabend im Garten oder einem guten Glas Wein gemeinsam auf dem Balkon.

Gibt es Herzensmenschen in deinem Leben, mit denen du seit Monaten nur virtuell Kontakt hältst? Mit denen du eigentlich schon lange mal wieder Lebensmomente realisieren wolltest, aber nie die Zeit dafür gefunden hast? Notiere dir die Namen und dann rufe sie noch heute an! Macht mal wieder Kommunikation in Echtzeit und vereinbart ein Treffen!

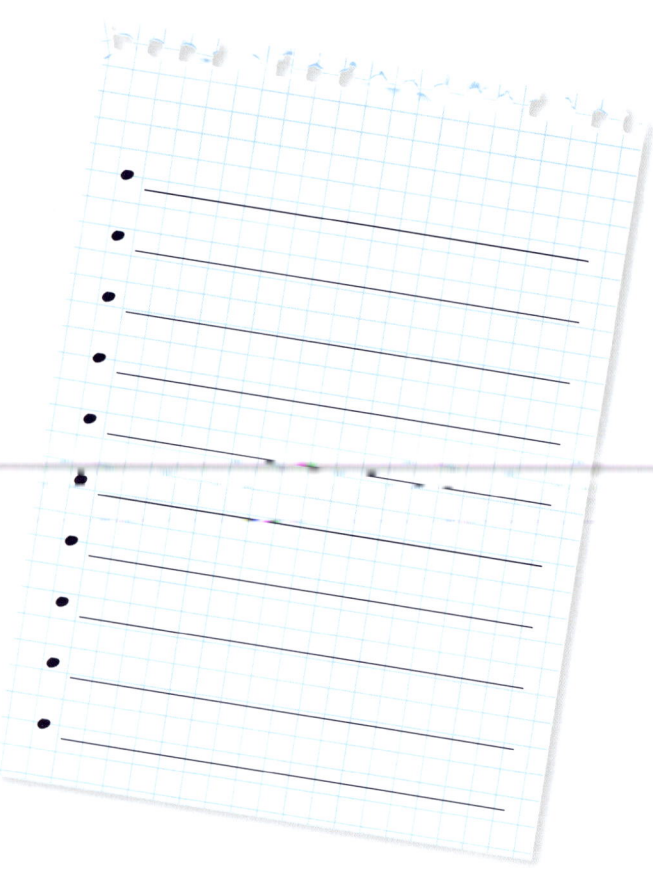

Neukundenakquise vs. Bestandskunden- betreuung

Oft höre ich den Satz: »Ich wurde von meinem Partner verlassen, dabei habe ich doch gar nichts gemacht!« Und ich denke dann: Ja, genau deshalb wurdest du verlassen! Du kannst nicht erwarten, dass du dich Hals über Kopf in die Frau oder den Mann deines Lebens verliebst, dir nach dem ersten Glücksrausch keine Mühe mehr gibst und trotzdem alles so super bleibt wie am Anfang.

Ich habe bei Walt Disney gearbeitet und ich glaube nicht, dass Disney in uns unrealistische Erwartungen in Sachen Liebe geweckt hat. Disneyfilme hören nur immer dann auf, wenn das meiste Glitzer und Konfetti gerade aufgebraucht ist. Dann nämlich, wenn der Prinz und die Prinzessin sich gefunden haben, völlig benebelt vom Hormoncocktail in ihrem Gehirn debil grinsend in die Kamera lächeln und »The End« eingeblendet wird.

»Das Ende wovon?«, mag sich der geneigte Zuschauer fragen. Doch das ist nicht das Ende, Freunde – jetzt fängt es erst richtig an mit der Liebe, und wenn wir nicht höllisch aufpassen und unsere Nase zwischendurch in solche Bücher wie dieses hier stecken, dann war der vermeintlich glücklichste Tag in unserem Leben tatsächlich die Hochzeit. Und dann ging es leider immer weiter bergab, bis das Traumpaar irgendwann im Chipskrümel-Lockenwickler-Schlafzimmerszenario endet.

Das Level an Glückshormonen, das uns am Anfang einer Beziehung auf Wolke sieben schweben lässt, nimmt mit der Zeit stetig ab. Irgendwann schauen wir nicht mehr ausschließlich durch eine rosa Brille auf uns und unseren Liebsten. Das würde unser Umfeld auch irgendwann in den Wahnsinn treiben. Doch ob wir dann die Chipskrümel im Bett resigniert hinnehmen oder uns einfach einen neuen Partner suchen, weil Verliebtsein so schön ist – oder ob wir uns damit auseinandersetzen, wie wir zumindest ab und zu wieder ein bisschen Rosa und Glitzer in unsere Beziehung bringen, das ist uns überlassen. Wie genau wir diese Glückshormone mit ein und demselben Partner auf lange Zeit frisch halten, dazu kommen wir in einem der nächsten Kapitel. Wir können aber auf jeden Fall noch immer selbst entscheiden, ob wir klaglos akzeptieren, dass die Natur das nun einmal so eingerichtet hat.

Diese Akzeptanz sieht in der Beziehungspraxis oft so aus, dass wir von der Neukundenakquise in die Bestandskundenbetreuung wechseln. Ich will euch das gerne an einem schönen Beispiel erklären: Ihr habt doch sicher schon einmal einen Mobilfunk- oder Internetvertrag abgeschlossen. Ich habe im Telekommunikationsvertrieb vor einigen Jahrzehnten eine steile Karriere hingelegt und weiß genau, wie das funktioniert.

Solange ihr eure Unterschrift noch nicht unter den Vertrag gesetzt habt, werden euch die tollsten Dinge versprochen: Musik-Downloads inklusive, eine Partnerkarte für den Liebsten und die Smartphone-Hülle vom Originalhersteller gibt's auch noch dazu – natürlich aus Echtleder von zu Tode gestreichelten Kobe-Rindern. Na, wie klingt das? Solltest du dann noch immer zögern, werden kurzerhand noch ein Multifunktionsmixer, ein Rasenmäher und ein Gutschein zur Reflexzonen-Fußmassage obendrauf gelegt.

Wenn du jetzt, völlig weich geschmust von so vielen Extrageschenken, den Vertrag unterschrieben hast und drei Wochen später dort anrufst, weil du eine Netzstörung hast, ist plötzlich alles anders: Da geht kein tiefenentspannter Kundenbetreuer ans Telefon, der

dir freundlich weiterhilft und dir als Entschädigung für deine Un-
annehmlichkeiten noch einen elektrischen Nagelknipser zusendet.
Mitnichten! Sobald du unterschrieben hast, bist du Bestandskunde
und hängst tagelang bei einer dämlichen Computerstimme in der
Leitung. Es sind schon Menschen in den Warteschleifen diverser
Telekommunikationsanbieter verhungert, weil sie immer wieder
weiterverbunden und vertröstet wurden, genährt von der Hoffnung:
Was so gut begonnen hat, kann doch nicht in einem solchem Desas-
ter enden! Kommt dir das bekannt vor? Hoffentlich nur von deinem
Anbieter und nicht von deiner Beziehung.

**Wir dürfen in unseren Beziehungen keine Warteschleifen
einrichten!**

Und das gilt nicht nur für Paarbeziehungen. An dieser miesen
Warteschleifen-Nummer scheitern auch langjährige Freundschaften
und Beziehungen zu Geschwistern und Geschäftspartnern – weil
wir einander für selbstverständlich erachten und glauben, dass ein
nettes »Bleiben Sie bitte in der Leitung« ausreicht, um den anderen
bei Laune zu halten. Wann bist du das letzte Mal in der Warteschleife
der Bestandskundenbetreuung vor dich hin gealtert?

Dieses Gefühl solltest du unbedingt konservieren und dich immer
dann daran erinnern, wenn du versucht bist, in die Bestandskundenbetreuung deiner Beziehungen überzugehen. Wir wissen doch
alle, wie das aussieht: Auf dem Weg nach Hause noch fix an der
Tankstelle einen Blumenstrauß zum Geburtstag besorgt, herrlich
duftend nach Abgasen, oder ein paar Socken und neue Boxershorts
im Sechserpack aus dem Karstadt-Sale.

»Aber Tobi, der Alltag einer Beziehung, und du sagst ja selbst, die
Hormone und so …« Oh ja, den Alltag und die Hormone haben Rita
und ich auch, aber wir weigern uns, unsere Beziehung darüber zu
definieren. Denn gegen dieses Chipskrümel-Lockenwickler-Schlafzimmerszenario kann man etwas tun!

Jede Beziehung, die in der Bestandskundenakte verschwunden ist, lässt sich da auch wieder herausholen. Gut, nicht jede, doch die hoffnungslosen Fälle lesen entweder nicht dieses Buch oder sie wissen seit dem Kapitel »Danke, nein danke«, dass es Zeit ist, Lebewohl zu sagen.

Wie machen Rita und ich das denn jetzt ganz konkret? Ich habe die besten und mitunter selbst erprobten Tipps für euch, um die Neukundenakquise in euren Beziehungen nicht erlahmen zu lassen. Denn eines dürft ihr niemals vergessen: Die Menschen in eurem Leben können sich jeden Tag neu für eine Reise in eurem Lebensbus entscheiden – oder eben dafür, an der nächsten Haltestelle auszusteigen.

Bleibe in der Neukundenakquise

Dein Partner ist immer die Nummer eins

Der Alltag, die Hormone, das Berufsleben, die Kinder, die kranken Eltern, der Hund, die Katze, das dreckige Geschirr ... unser Leben ist wild und bunt und immer möchte irgendwer oder irgendwas an erster Stelle stehen. Manchmal vergessen wir zu priorisieren und arbeiten stattdessen einfach ab, was sich in der Prioritätenliste klammheimlich nach oben geschoben hat.

Was wir dabei oft vergessen: Unser Partner sollte immer die Nummer eins bleiben. Er oder sie ist unser Fels in der Brandung, ohne den alles andere drumherum nicht funktionieren würde. Wenn also etwas ansteht, was deinem Partner wichtig ist; wenn er dich braucht oder du bemerkst, dass er in deiner Alltags-Prioritätenliste allzu oft zu weit nach unten gerutscht ist, dann wird es Zeit, ihn wieder an die Pole-Position in deinem Leben zu holen. Termine kannst du verschieben und das Geschirr läuft dir auch nicht davon – gemeinsame Lebensmomente, in denen ihr euch gegenseitig zeigt, dass ihr einander wichtig seid, verstreichen allerdings, wenn sie nicht gelebt werden.

Ich liebe dich so, wie du bist

Versuche deinen Partner nicht zu ändern, sondern erinnere dich daran, in welche Charakterzüge, in welches Grübchen und welche Gesten du dich einmal verliebt hast. Fokussiere dich auf all diese liebenswerten Eigenschaften und sage ihm, wie sehr du genau diese an ihm liebst. Das Positive daran: Wofür Menschen Lob und Anerkennung bekommen, das tun sie gerne und mit Begeisterung wieder, ohne dass wir sie darum bitten müssen. Bei unseren Kindern beherzigen wir das – warum nicht auch bei unserem Partner?

Tue, was du am Anfang der Beziehung getan hast

Am Anfang einer Beziehung, wenn wir mit Multifunktionsmixern und Rasenmähern werben, um auserwählt zu werden, sind wir hoffnungslos kreativ und manchmal sogar hoffnungslos romantisch: Wir schreiben verliebte Klebezettel, obwohl wir uns mit Worten sonst schwertun; wir pflücken Gänseblümchen trotz doppeltem Bandscheibenvorfall; wir braten das Lieblingssteak medium rare, obwohl wir eigentlich Vegetarier sind, und wir campen trotz Heuschnupfen im eigenen Garten unterm Sternenhimmel. Ach!

Diese Erinnerungen sind die Goldgrube eurer Beziehung. Erweckt diesen Zauber wieder zum Leben, indem ihr das gemeinsam tut, was ihr am Anfang eurer Beziehung miteinander erlebt habt.

Du kannst dir ja auch nicht nur in der ersten Hälfte des Jahres fünfmal täglich die Zähne putzen, dann von Juli bis Dezember gar nicht und hoffen, dass es sich im Mittel schon ausgeht. Das Einzige, was dann ausgeht, sind deine Beißerchen. Beziehungen sind keine einmaligen Events, sie brauchen beständige liebevolle Gesten, immer wieder schöne Rituale und Lebensmomente und einen dauerhaft wertschätzenden Umgang miteinander.

Rituale

Geht Commitments ein

So seltsam es klingt: Setzt euch zusammen und kreiert euren eigenen Beziehungs-Code-of-Honor. Rita und ich haben einen solchen Codex. Ich will an dieser Stelle nicht zu viel verraten, aber ich möchte euch einen Punkt auf dieser Liste dringend ans Herz legen: Smartphones, Tablets, Fernseher, Spielekonsolen – dieser ganze Technikkram hat nichts in eurem Schlafzimmer zu suchen! Die Einzigen, die im Schlafzimmer Filme drehen, seid IHR!

Vierter Flug von oben

Rita und ich lieben unsere Rituale. Wir packen beispielsweise einmal im Jahr unsere Koffer und fliegen für ein verlängertes Wochenende weg. Nur wir zwei. Und da wir ohnehin Weltenbummler sind, fliegen wir nicht irgendwo hin, wo es uns beiden gefällt, sondern wir fahren an den Flughafen, laufen in Frankfurt zu der großen Anzeigentafel mit allen Flügen der kommenden drei Stunden und nehmen den vierten Flug von oben.

Oh ja, du kannst Glück haben und wie wir vor einigen Jahren 13 Stunden später bei 35 Grad im Schatten und Sonnenschein in Kuala Lumpur landen. Du kannst aber auch wie wir im Jahr darauf 50 Minuten später in Münster-Osnabrück bei 4 Grad und Nieselregen aus dem Flieger stolpern und dich fragen, was dein Karma dir denn damit bitte sagen möchte. Für drei Tage Münster-Osnabrück im November musst du dich schon sehr liebhaben. Aber das tun wir und die Geschichte ist es wert, dass wir sie gemeinsam erlebt haben.

»Alles ist möglich«-Dienstag

Ich liebe diesen Tag. Du kannst auch den Mittwoch oder jeden anderen Tag der Woche dazu erklären. Immer abwechselnd darf einer von euch beiden an diesem Tag fast alles bestimmen: Was gekocht wird und wer kocht, ob ihr im Schneidersitz vor dem Kaminfeuer Kürbissuppe mit selbst gebackenem Walnussbrot esst oder bei Kerzenlicht im kleinen Schwarzen und Smoking Burger und Trüffel-Pommes von eurem Lieblingslieferdienst genießt. Ob ihr danach noch in die Oper fahrt oder gemeinsam auf dem Sofa kuschelnd erst die Sissi-Trilogie oder gleich »Ice Age 4« guckt. Und so weiter …

Feiere ALLES mit deinem Partner

Das ist mein Lieblingsritual. Wenn ich etwas Großartiges erreiche, dann kann ich es gar nicht erwarten, meiner Frau davon zu erzählen und meine Freude darüber mit ihr zu teilen. Natürlich feiere ich auch mit meinem Team oder Freunden, aber ich lasse Rita immer und unbedingt an meinen Erfolgen teilhaben. Denn am Ende des Tages sind meine Erfolge auch ihre. Wir sind ein Team und ohne sie wäre ich niemals da, wo ich heute bin. Vergesst bitte nie den Anteil eures Partners an euren Erfolgen. Die Dankbarkeit dafür dürft ihr immer wieder aufs Neue miteinander feiern.

Gemeinsames Vision Board

Ein wichtiges Ritual in unserer Beziehung ist unser gemeinsames Vision Board, das Rita und ich für jedes Jahr erstellen. Was wünschen wir uns? Was sind unsere gemeinsamen Ziele? Haben wir individuelle Wünsche, um unser Ich im gemeinsamen Wir nicht zu verlieren? Und was wünschen wir uns für unsere Kinder?

Wir schreiben, malen, schneiden Bilder aus Magazinen und kleben Collagen daraus, wir stecken uns konkrete Ziele für das kommende Jahr. Wenn wir eines davon erreicht haben, wird ordentlich gefeiert. Manchmal überlegen wir schon beim Erstellen des Vision Boards, wie und wo gefeiert werden soll. Es geht nicht darum, all das, was auf diesem Board steht, 1:1 in die Tat umzusetzen. Es geht darum, dass ihr kreativ werdet, euch fragt, was ihr euch wünscht, und eure Träume für das kommende Jahr visualisiert, damit ihr sie nicht aus den Augen verliert. Denn wenn diese Wünsche erst einmal auf dem Board stehen, dann kann man sie ja genauso gut anpacken. »Bora Bora« klebt zum Beispiel seit Dezember auf unserem Vision Board und deshalb fliegen wir im April dorthin. Ausschneiden. Aufkleben. Anpacken.

Zeige Gefühl, viel davon

Sei verletzlich

Je verletzbarer du bist, desto besser funktionieren deine Beziehungen. Du musst nicht immer stark sein – deine Schwächen sind das, was dich einzigartig und liebenswert macht. Lass deinen Partner an den Dingen teilhaben, die dich verletzen oder emotional beschäftigen. Das schafft Vertrauen, Nähe und ein tieferes Verständnis füreinander. Wenn im hektischen Alltag dafür keine Zeit bleibt, dann schafft euch Freiräume, in denen ihr regelmäßig über all das redet, was euch Angst macht oder Sorgen bereitet. Diese Gefühle müssen Platz und Raum finden in eurer Beziehung, sonst werden sie ihn sich nehmen.

Entschuldige dich

Wir machen alle Fehler, sind launisch und manchmal ungerecht. Das ist menschlich, und solange wir den anderen nicht mit Absicht verletzen und uns aufrichtig entschuldigen können, ist das auch nichts, das uns voneinander entfernt. Im Gegenteil, es wird uns näher zusammenbringen. Sprecht von euch und euren Gefühlen. Lernt euch zu entschuldigen und euren eigenen Anteil zu erkennen, statt euch mit Vorwürfen und Schuldzuweisungen zu begegnen.

Vergib, vergiss und lass Liebe fließen

Nimm Entschuldigungen an und lerne zu verzeihen. Verzeihen ist eine großartige Geste, in erster Linie für dich selbst. Aber wenn du das Vergangene nach einer aufrichtigen und von dir akzeptierten Entschuldigung doch immer wieder in Erinnerung rufst, gibt ihm das eine Macht über eure Beziehung, die es nicht verdient hat.

Bedanke dich für das Teilen der Lebenszeit

Vergiss niemals, dass wir uns jeden Tag aufs Neue dafür entscheiden, mit wem wir unsere Lebensreise auf diesem Planeten verbringen. Jeder Mensch hat jeden Tag die Möglichkeit, sich neu für dich zu entscheiden, und wenn er seine wertvolle Zeit mit dir teilen möchte, ist das ein großartiges Geschenk. Bedanke dich dafür.

»Ich weiß, wie du aufgewachsen bist«

Redet über eure Vergangenheit, damit ihr eine gemeinsame Zukunft habt. Natürlich ist es wichtig zu wissen, wer du heute bist. Es geht aber auch immer darum, welche Erfahrungen, Abenteuer und Krisen deines Lebens dich zu dem Menschen gemacht haben, in den dein Partner sich verliebt hat. Teilt dieses Wissen miteinander, denn nur so könnt ihr eure individuellen Eigenarten verstehen und lieben lernen.

Selbstreflexion

Was willst du?

Werde dir bewusst, was du dir von einer Partnerschaft erhoffst und was davon verhandelbar ist und was nicht. Willst du Kinder? Wie wichtig ist dir deine Karriere? Wo möchtest du leben? Willst du in der Nähe deiner Herkunftsfamilie bleiben? Rede über alle deine Vorstellungen und Wünsche an das Leben zu zweit, am besten am Beginn deiner Beziehung – Nachverhandlungen funktionieren meist nicht.

Lass los

Es ist nicht immer einfach, dem Partner selbstlos Freiheit und Freiraum zu gewähren. Das fällt insbesondere dann schwer, wenn du bereits die Erfahrung machen musstest, verlassen zu werden. Vielleicht in der Kindheit, von einem Elternteil, vielleicht von einem Partner oder einem anderen Menschen, der dir nahestand. Verlassen zu werden ist eine der schmerzhaftesten Erfahrungen, die es gibt, und viele Menschen müssen lernen, neu zu vertrauen und sich in der nächsten Beziehung wieder geborgen und sicher zu fühlen.

Festhalten und Klammern wird dir im Endeffekt nicht das geben, was du dir so sehr wünschst, sondern dich nur immer weiter davon entfernen. Wann immer wir einen Menschen einengen und ihm nicht den Freiraum geben, den er braucht, wird er versuchen, sich diese Freiheit zu nehmen. Druck erzeugt immer Gegendruck. Lass deinem Partner den Freiraum, den er braucht – nur dann wird er auch zu dir zurückkehren. Und du wirst durch diese Wiederholungen lernen, dass er wiederkommt, wenn du ihn gehen lässt. Das kostet eine Menge Überwindung und Selbstdisziplin. Teile diese Gefühle mit ihm, denn nur wenn er weiß, was dich verunsichert, kann er deine Reaktion verstehen.

Ich brauche dich

Liebst du deinen Partner oder brauchst du ihn nur? Abhängigkeit ist nicht Liebe. Dieser Satz ist so unendlich wichtig und dennoch verwechseln viele Menschen das Gefühl der Abhängigkeit mit dem Gefühl von Liebe. Eine gewisse emotionale Abhängigkeit in Partnerschaften ist völlig normal und trägt zur Stabilität einer Beziehung bei.

Doch ab wann wird es ungesund? Wenn du das Gefühl hast, ohne den Partner und seine Zuneigung nicht mehr leben zu können, und deshalb die eigenen Bedürfnisse gar nicht mehr wahrnimmst, um ja nicht verlassen zu werden. Wenn du nur noch mit ihm zusammen bist, um nicht allein zu sein, um als Paar einem gesellschaftlichen Ideal zu entsprechen oder um einen finanziellen Status zu wahren. Oder wenn du dich innerlich fragst: Wie soll ich denn leben ohne dich?

Zu welchem der Punkte ist dir spontan etwas eingefallen? Gibt es Rituale in deinen Beziehungen, die verhindern, dass du sie in der Bestandskundenakte ablegst?

Für immer und ewig

Vor einigen Jahren war ich auf einem Schiff als freier Trauredner gebucht und habe damals für das Brautpaar die folgenden Worte gefunden:

>*»Vielleicht möchte Gott, dass wir zunächst die falschen Menschen treffen, bevor wir dem richtigen Menschen begegnen, sodass wir, wenn wir endlich die richtige Person getroffen haben, sehr dankbar sind für dieses Geschenk.*

>*Liebe beginnt mit einem Lächeln, wächst mit einem Kuss und wird mit der Hochzeit seit Tausenden von Jahren in allen Kulturen dieser Erde besiegelt.*

>*Ihr werdet heute und in Zukunft beäugt und jeder wünscht Euch Glück und Liebe. Aber das ist nicht alles, denn Liebe bedeutet: Arbeit, Arbeit, Arbeit!*

>*Ihr kennt nach all der Zeit jede Macke des anderen und deshalb mache ich mir, wenn Ihr diese wirklich zu 100 Prozent »bedingungslos« akzeptiert, keine Sorgen über Eure Zukunft. Wenn doch mal dunkle Wolken aufziehen sollten, möchte ich, dass Ihr Euch genau an diesen Moment heute erinnert.*

>*An diesen wunderschönen Ort, die Augen Eures Partners und an all die Menschen, die an Eure Liebe glauben und deshalb Hunderte oder Tausende Kilometer angereist sind.*

Liebe bedeutet, dass Ihr gemeinsam nach einem langen
Tag auf der Veranda in einer Schaukel wippt,
ohne ein Wort sprechen zu müssen. Und wenn Ihr geht,
das Gefühl habt, dass dies die beste Unterhaltung war,
die Ihr jemals mit Eurem Partner geführt habt.

Blindes Verstehen und Vertrauen sind so unendlich kostbar,
dass man es nicht fassen oder mit Worten erklären kann.

In der Südsee tauchen junge Perlentaucher jeden Tag
und jede Nacht, um eines Tages den kostbarsten Schatz
zu bergen, von dem schon die Großväter erzählt haben.
Diesen Schatz haltet Ihr nun im Arm.

Es ist wahr, dass wir nicht schätzen, was wir haben,
bis wir es verlieren, aber es ist auch wahr, dass wir
nicht wissen, was wir vermissen, bis es uns begegnet.

Jemandem all seine Liebe zu schenken, ist keine
Versicherung, dass er dich auch liebt. Erwarte keine
Liebe als Gegenleistung, sondern bis sie im Herzen
des Partners wächst.

Suche nicht nach Schönheit; sie ist trügerisch.
Suche nicht nach Reichtum; er ist vergänglich.
Suche jemanden, der dich zum Lächeln bringt,
denn es braucht nur ein Lächeln, um einen scheinbar
dunklen Tag zu erhellen. Ihr habt denjenigen gefunden,
der Euer Herz zum Lächeln bringt.

Es gibt Momente im Leben, wo du jemanden so sehr
vermisst, dass du ihn aus deinen Träumen entführen
möchtest, um ihn wirklich zu umarmen!

Träumt gemeinsam, was Ihr träumen möchtet;
geht gemeinsam, wohin Ihr gehen möchtet; seid,
wer Ihr sein wollt, denn Ihr habt nur ein Leben und
eine Chance, die Dinge zu tun, die Ihr tun möchtet.

Vergesst bitte niemals: Eure Beziehung ist keine
Generalprobe.

Dies ist kein Glücksplanet, sondern ein Erfahrungsplanet.
Ihr könnt gemeinsam wachsen und anderen ein Vorbild sein.

Ich möchte Euch noch etwas mitgeben:

Möget Ihr in Eurer Ehe genügend Glück haben,
dass es Euch weich macht, genug Herausforderungen,
die Euch stark machen, genug Kummer, um Euch die
Menschlichkeit zu bewahren, genügend Hoffnung,
um Euch glücklich zu machen.

Zieht oft die Schuhe des anderen an. Drücken sie dich,
drücken sie deinen Partner vermutlich auch.

Vergesst niemals die kleinen Dinge, die Euch über die letzten
Jahre immer wieder ein Lächeln auf die Lippen gezaubert
haben.

Die glücklichsten Menschen haben vermutlich nicht immer
das Beste vom Besten; aber sie machen das Beste aus allem,
was ihnen wiederfährt.

Als Ihr geboren wurdet, habt Ihr geweint und alle um
Euch herum lachten. Lebt Euer Leben so, dass, wenn Ihr
den Planeten verlasst, Ihr diejenigen seid, die lachen,
und die andern um Euch weinen.

Glücklichsein offenbart sich jenen, die weinen, jenen,
die leiden, jenen, die suchen, jenen, die leben, und jenen,
die es versuchen.
Die versuchen, jeden Tag das Beste zu geben und füreinander
da zu sein.
Denn nur sie wissen die Menschen zu schätzen, die ihren
Weg gekreuzt haben.

Nun ist der große Tag gekommen und genau wie vor
vielen Jahren auf Eurer Geburtsurkunde stand:
›Welcome on planet earth little baby‹, so steht nun
ein neuer Spruch am Himmel:

VOLLSTÄNDIG und immer füreinander da.«

Darf ich vorstellen? Oxytocin

Dass wir am Anfang einer Beziehung auf rosa Wolken schweben, haben wir einem ziemlich verwirrenden Hormoncocktail in unserem Gehirn zu verdanken. Oxytocin, Cortisol, Dopamin, Adrenalin: auf Eis, geschüttelt oder gerührt, mit oder ohne Cocktailschirmchen – all das ist unserem Gehirn in diesem Zustand relativ egal. Hauptsache, wir haben viel von allem und die Mischung stimmt.

Wir tanzen auf Regenbogenzuckerwatte, zaubern uns bei drei Grad Nieselwetter im November unseren eigenen Sonnenschein ins Leben, sind nur noch für positive Vibes empfänglich und treiben unser Umfeld damit komplett in den Wahnsinn. Das merken wir aber nicht, denn Wahnsinn ist kein positiver Vibe, und etwas anderes können wir in unserem hormonbeglückten Gehirn gar nicht verarbeiten. Ganz ehrlich: Frisch verliebte Pärchen sind – für ihr leider nicht verliebtes Umfeld – einfach die Pest!

Ein Hormon, das uns noch relativ lange durch diese erste Phase einer Beziehung begleitet, ist Oxytocin. Manche nennen es auch das Liebes- oder Kuschelhormon. Sein Anteil an unserer Cocktailparty im Gehirn ermöglicht es uns, uns aufeinander einzulassen, Empathie zu empfinden, moralisch zu handeln und die Liebe für den Partner zu festigen.

Oxytocin hat damit von Anfang an einen entscheidenden Einfluss auf die Bindung und dass Vertrauen in einer Partnerschaft. Peter Walschburger, Biopsychologe an der Freien Universität Berlin, vermutet sogar: Je mehr Oxytocin am Anfang einer Beziehung vorhanden ist, desto positiver wird sie verlaufen – und desto langfristiger wird sie sein.

Da das Hormon bei der Geburt und beim Stillen des Säuglings eine wichtige Rolle spielt, haben frischgebackene Mütter davon eine große Menge in ihrem Körper. Und dort hat das Oxytocin nicht nur physiologische Aufgaben; es fördert auch die emotionale Bindung zwischen Mutter und Säugling – und was ist inniger, als die Liebe einer Mutter zu ihrem Kind?

Besonders viel von diesem Kuschelhormon wird nachweislich immer dann ausgeschüttet, wenn wir Zärtlichkeiten austauschen, und auch Körperwärme spielt dabei eine Rolle. Verliebte Paare können anfangs kaum die Finger voneinander lassen – wen wundert es da, dass die Oxytocin-Teilchen Samba tanzen? Sie schmachten sich an und schauen sich tief in die Augen. Unser Hypothalamus produziert die kleinen Glücklichmacher in Serie und die Hirnanhangdrüse wirft damit nur so um sich.

Wenn wir verliebt sind, glauben wir, dass dieser wunderbare Zustand ein Leben lang anhält. Nach dem traurigen Ende der ersten großen Liebe sind wir meist schlauer. Und auch wenn du bisher noch nie etwas von Oxytocin gehört hast, weißt du: Die Zeitspanne namens »Ein Leben lang« kann sich relativ dramatisch verkürzen.

Dafür gibt es Gründe und die heißen nicht unbedingt »Socken« oder »Zahnpastatube«. Mit der Länge einer Beziehung nimmt, ob wir wollen oder nicht, der Oxytocinspiegel im Körper schleichend ab. Der Hypothalamus macht Kurzarbeit und die Hirnanhangdrüse schüttet nur an Feiertagen noch einige wenige Oxytocin-Teilchen aus.

Das führt in der Folge dazu, dass unsere Beziehungen instabil werden. Wir sind untreu, stolpern über bis dahin »unsichtbare« Socken und ärgern uns über andere Kleinigkeiten, die uns anfangs gar nicht aufgefallen sind. Das Gemeine daran: Das ist von der Evolution so gewollt.

Nach etwa vier Jahren hat sich eine Partnerschaft stabilisiert und wir beginnen die Balance zu finden: zwischen Sicherheit und Vertrauen auf der einen und dem Verlangen nach Abenteuer und Unbekanntem auf der anderen Seite. Vier Jahre dauert es auch in etwa, bis ein Kind nicht mehr so stark von der Mutter abhängig ist, und es wird für beide Eltern weniger wichtig, den Nachwuchs gemeinsam ins Leben zu begleiten. Evolutionsbiologisch lässt sich die Zeitspanne von vier Jahren gut erklären, denn die Sorge beider Elternteile in den ersten Lebensjahren erhöhte die Überlebenschance der Kinder. Nach dieser intensiven Zeit ist unser Hormonspiegel zwar noch nicht wieder ganz zurück auf Werkseinstellung, aber er hat merklich an Glückswirkung verloren, und im verflixten siebten Jahr sieht es in vielen Beziehungen dann ungefähr so aus:

Das lässt kein Herz mehr höherschlagen – es sei denn, du bist von Beruf Scheidungsanwalt.

Gut, jetzt könnten wir sagen: Ziemlich mies gelöst von der Evolution, dann suchen wir uns eben den nächsten Partner. Echt jetzt? Alles von vorne wegen ein paar Hormonen? Erwiesenermaßen fehlt uns in einer langen Partnerschaft, die uns irgendwie nicht mehr erfüllt, oft nicht ein neuer Partner, es sind vielmehr die Glückshormone, die uns anfangs miteinander verbunden haben. All die gemeinsamen Erinnerungen, all das Vertrauen und die Liebe einfach aufgeben?

Wenn ein gemeinsamer Weg tatsächlich zu Ende ist, wäre es verschwendete Lebenszeit, weiterhin in einem Bus sitzen zu bleiben, der nicht mehr das gleiche Ziel hat. Aber wenn ihr noch immer gemeinsam im richtigen Bus sitzt, die gleichen Werte teilt und ähnliche Ziele verfolgt, dann solltet ihr die Oxytocinproduktion wieder in Auftrag geben oder sie besser gar nicht einschlafen lassen. Und das ist im Grunde total einfach.

20 Sekunden Minimum sollte eine Umarmung dauern, damit Oxytocin ausgeschüttet wird. Also knuddelt, was das Zeug hält, mit Partnern und Kindern. Kuschelt mit Haustieren. Haltet Händchen. Tauscht Zärtlichkeiten aus. Habt regelmäßig Sex. Lacht mal wieder gemeinsam. Sprecht über Gefühle. Macht euch Komplimente. Schwelgt in alten Lebensmomenten. Kreiert neue. Schaut euch lange in die Augen. Überrascht einander. Konzentriert euch auf das Positive. Festigt alte Rituale. Erfindet neue. Lernt die magische Sprache der Liebe eures Partners im folgenden Kapitel.

Die fünf magischen Sprachen

Vor einiger Zeit habe ich ein Buch des amerikanischen Seelsorgers und Eheberaters Gary Chapman gelesen, das mich tief beeindruckt hat. Ähnlich wie die »Sprache der Tiere«, auf die ich später im Buch noch ausführlich eingehe, sind seine Gedanken zur Kommunikation in Beziehungen ein bisschen wie Magie.

Liebe kann auf ganz unterschiedliche Weise ausgedrückt werden. Eigentlich müssen wir uns also nicht wundern, wenn wir manchmal das Gefühl haben, nicht geliebt zu werden, obwohl es liebende Menschen in unserem Leben gibt. Vielleicht sprechen diese Menschen einfach eine andere Sprache, mit der sie die Liebe zu uns ausdrücken? Eine Sprache, die wir nicht verstehen, weil wir Liebe anders sprechen gelernt haben.

Vielleicht hast du im umgekehrten Fall manchmal das Gefühl, einem anderen Menschen, der dir sehr am Herzen liegt, deine Liebe nicht deutlich machen zu können. Du bist frustriert und weißt nicht, was du noch tun sollst, um ihm oder ihr begreiflich zu machen: Du bist mir wichtig! Vielleicht liegt es auch hier daran, dass ihr nicht die gleiche magische Sprache der Liebe sprecht. Das ist kein Grund zu verzweifeln, denn genau das ändern wir jetzt.

Nach Gary Chapman gibt es fünf unterschiedliche Sprachen der Liebe und es ist selten der Fall, dass ein Paar ein- und dieselbe Sprache hat. Das muss auch nicht sein – wichtig ist nur, dass du deine eigene Sprache kennst. Und du solltest lernen, die Sprache der Menschen zu entschlüsseln, die dein »Ich liebe dich und du bist mir wichtig« verstehen sollen. Es geht nicht darum, irgendetwas für den Menschen zu tun, den du liebst, sondern das Richtige.

1. Worte

Die erste magische Sprache ist die der Worte. Wenn das deine Sprache ist, brauchst du sehr viel Bestätigung durch deine Liebsten in Form von Lob und Anerkennung. Du blühst auf, wenn man dir Komplimente macht – ob für dein bezauberndes Lächeln oder deine liebevolle Art, sich um die Kinder zu kümmern, ob für deinen Ehrgeiz, beruflich weiterzukommen, oder die nobelpreisverdächtige Genialität, mit der du das Bad putzt: Ich kenne ja deine Talente nicht, aber ein ehrlich gemeintes Lob bedeutet dir in jedem Fall mehr als alles andere.

Worte der Ermutigung sind dein Antrieb und wecken ungeahnte Talente in dir. Sie spornen dich zu Höchstleistungen an und geben dir die Sicherheit: Ich werde geliebt.

Wenn die magische Sprache deines Partners die der Worte ist: Was kannst du tun, um ihm zu zeigen, dass du ihn liebst?

Lobe ihn. Fokussiere dich auf das Positive und sag ihm mindestens einmal am Tag, was er in deinen Augen wirklich gut gemacht hat. Die Version für Fortgeschrittene besteht darin, jeden Tag etwas anderes zu finden. Wenn du allerdings nichts findest – nun ja. Dann solltest du vielleicht überlegen, dir einen anderen Gesprächspartner zu suchen. Scherz! Du musst schon genau hinschauen. Das braucht eine gewisse Übung – es ist gar nicht so einfach, eine andere Sprache der Liebe zu sprechen. Ein bisschen anstrengen darfst du dich also schon.

Sei nicht nachtragend. Das gilt grundsätzlich in Beziehungen, aber insbesondere in solchen, in denen die magische Sprache deines Partners die der Worte ist. Nichts verletzt ihn so sehr wie eine Unstimmigkeit, die immer wieder verbal aufgewärmt wird. Du solltest deine Formulierungen also sorgsam wählen, wenn ihr das nächste Mal eine Diskussion führt.

Kleine Klebezettel mit einem »Ich liebe dich!« wirken Wunder. Verstecke sie in der Aktentasche, in der Tupperdose, im Gewürzschrank, irgendwo, wo dein Partner nicht unbedingt damit rechnet und sie findet, wenn er alleine ist. Das gilt zumindest für Menschen, die den großen Auftritt nicht unbedingt lieben.

Ruf ihn in der Mittagspause an, nur um ihm zu sagen, dass du dich auf ihn freust, oder schicke ihm ohne besonderen Grund eine Nachricht auf seine berufliche Mailadresse, die nur einen Satz enthält: »Ich liebe dich!«

Ermutige ihn, etwas zu tun, das schon lange auf seiner Bucket List steht: ein Tauchkurs, eine Ausbildung zum Yogalehrer oder die Gründung einer Pudelzucht.

2. Lebensmomente

Die zweite magische Sprache ist die Sprache der Zeit zu zweit, der geteilten Lebensmomente. Diese Sprache wird oft missverstanden. Es geht dabei nicht darum, irgendwie Zeit mit dem Partner zu verbringen. Es reicht nicht, wenn ihr beide beim Frühstück schweigend nebeneinandersitzt und die Zeitung lest – es sei denn, ihr lest sie euch gegenseitig vor. Meinetwegen singt ihr euch den Kulturteil vor, rappt die Sportergebnisse oder macht aus dem Wetterteil für den kommenden Tag ein Gedicht. Aber mit Kaffee, Matcha oder grünem Smoothie nebeneinanderzusitzen, während jeder sein eigenes Ding am Morgen macht – das zählt nicht. Denn egal, wie gesund ihr frühstückt – eure Beziehung braucht Vitamin Z, und das ist in diesem Fall nicht das Spurenelement Zink, sondern gemeinsame Zeit.

Ihr seid natürlich clever und habt bereits verstanden, dass es weniger um die Zeit an sich geht, die ihr miteinander verbringt, als vielmehr um die ungeteilte Aufmerksamkeit füreinander. Es geht um die Anteilnahme am Leben des anderen, um Gespräche darüber, wie der Tag war oder werden wird; und es geht vor allem darum, mal wieder zuzuhören und wirklich im Moment zu sein.

Wenn dein Partner die magische Sprache der Zeit spricht, geht es mehr als in jeder anderen Beziehung darum, gemeinsam Lebensmomente zu sammeln. Und das funktioniert so:

Organisiere ein Candle-Light-Dinner bei eurem Lieblingsitaliener oder macht einen abendlichen Spaziergang durch den Stadtwald. Besucht gemeinsam einen Töpferkurs oder geht ins Theater, verbringt ein Wochenende im Spa-Bereich des Ritz-Carlton oder in eurem eigenen – was ihr eben gerade so da habt.

Verabredet einmal in der Woche einen Abend, an dem ihr nicht über die Kinder oder die Arbeit sprecht, sondern nur über euch: Was beschäftigt euch gerade oder was wollt ihr gerne wieder gemeinsam erleben? Ihr werdet merken, wie wenige Themen euch dann übrig bleiben – höchste Zeit, das jetzt zu ändern!

Nimm dir unverhofft Zeit. Für ein spontan verlängertes Wochenende oder für ein längeres Telefonat auf einer Geschäftsreise, zwischen zwei Meetings. Schön ist auch ein gemeinsamer früher Feierabend, einfach weil es gerade schneit und du deinen Partner spontan von der Arbeit zum Schlittenfahren abholst. Natürlich mit einer Thermoskanne Glühwein oder Kinderpunsch im Kofferraum. Lecker, lecker!

3. Geschenke

Die dritte Sprache ist die magische Sprache der Geschenke. »Oh, das wird teuer«, hat gerade jemand gedacht, oder? Ich hab's genau gehört! Muss es nicht. Wenn du die Sprache der Geschenke liebst, dann freust du dich über kleine Aufmerksamkeiten genauso wie über das Designerkleid von Dior, das du schon immer haben wolltest. Fantasievolle Geschenke, die liebevoll ausgesucht wurden und etwas mit eurer Beziehung oder gemeinsam Erlebtem zu tun haben, lassen dein Herz höherschlagen.

Vielleicht ist es der Rotwein, den ihr im Südfrankreichurlaub auf diesem kleinen Weingut in der Provence getrunken habt, der plötzlich zu Hause beim Abendessen auf dem Tisch steht. Das Geschenk muss nicht unbedingt wertvoll sein – darf es aber natürlich. Gut, deinem Liebsten jetzt jede Woche einen anderen 911er-Porsche GT vor die Tür zu stellen, damit er je einen hat, der zur Armbanduhr passt, ist vielleicht dezent übertrieben. Kann man aber machen.

Es muss übrigens nicht nur eine magische Sprache für eine Person geben. Die magischen Sprachen meiner Frau Rita sind zum Beispiel die der Geschenke und die der Worte. Wann immer ich länger unterwegs bin, bringe ich ihr irgendetwas mit, das ich zufällig entdeckt habe und das mich an sie erinnert hat. Manchmal ist es eine Zeitschrift mit einem Artikel, der mich an sie denken lässt, ihre Lieblingsschokolade oder ein Strauß Blumen in ihrer Lieblingsfarbe.

Wenn dein Partner die magische Sprache der Geschenke spricht, geht es mehr als in jeder anderen Beziehung darum, das Richtige zu schenken. Ein paar Ideen dazu:

Schenke mit Fantasie. Oft sind es Kleinigkeiten, die du eher zufällig siehst und bei denen du sofort an deinen Partner denkst. Das kann sein Lieblingseis vom Italiener in der Innenstadt sein, das du ihm an einem heißen Sommertag abends mit nach Hause bringst, oder ein Feldblumenstrauß, den du nach deiner Joggingeinheit gepflückt hast.

Schenke etwas Selbstgemachtes. Eine selbst geschriebene Geschichte, ein selbst gemaltes Bild, ein Fotoalbum mit gemeinsamen Erinnerungen oder ein Schmuckstück, in das eine Muschel eingefasst ist, die ihr bei eurem letzten Strandurlaub gefunden habt.

Lege dir unbedingt ein Notizbuch mit Ideen zu oder richte eine Liste auf deinem Handy ein – irgendwas, das du immer griffbereit hast, um zu notieren, wenn dir eine gute Idee kommt.

Hole dir Inspiration bei Freunden. Vielleicht hat dein Partner in ihrem Beisein einen Wunsch geäußert – du musst ja nicht auf jede Idee von ganz allein kommen.

4. Unterstützung

Die vierte Sprache ist die magische Sprache der Unterstützung. Wenn das deine Sprache der Liebe ist, dann fühlst du dich ganz besonders geliebt, wenn dir dein Partner gerne und oft zur Seite steht. Das kann im Alltag sein, indem er dir zum Beispiel etwas Hausarbeit abnimmt oder dir morgens den Kaffee ans Bett bringt. Vielleicht unterstützt er dich aber auch bei einer Businessidee, indem er dir während einer beruflich sehr stressigen Phase zu Hause den Rücken freihält.

Meine magischen Sprachen der Liebe sind die der Unterstützung und die der Worte. Ich freue mich über die kleinen Dinge, wie zum Beispiel meine Lieblingskaffeetasse, die morgens schon unter dem Kaffeeautomaten auf mich wartet. Wenn ich von langen Trainings oder Seminaren nach Hause komme, steht oft mein Lieblingsessen – lettische Pfannkuchen – auf dem Tisch, das Hemd für den nächsten Tag ist gebügelt und ich muss mich um nichts mehr kümmern, sondern kann die Zeit mit meinen Liebsten genießen.

Wenn dein Partner die magische Sprache der Unterstützung spricht: Was kannst du tun, um ihm deine Liebe zu zeigen?

Erledige einmal in der Woche etwas für ihn, das er normalerweise selbst tun müsste. Besorge am Sonntag die Brötchen, hole die Hemden aus der Reinigung, bring den Müll nach draußen, gehe mit dem Hund Gassi, obwohl eigentlich dein Partner an der Reihe wäre, oder nimm ihm den Termin zur Wurzelbehandlung beim Zahnarzt ab … irgendeine Kleinigkeit wird dir einfallen.

Erstelle eine Liste mit all den Dingen, mit denen dir dein Partner seit Ewigkeiten in den Ohren liegt. Wenn er wirklich diese magische Sprache spricht und du sie noch nicht beherrschst, werden dir sicherlich einige Dinge einfallen. Nimm dir ein Projekt vor, das du angehen möchtest: die Winterreifen montieren, das Bad renovieren oder gleich das ganze Haus, je nachdem, wie viel Zeit du hast.

Frage deinen Partner ganz offen danach, wie du ihn besser unterstützen könntest. Auch wenn dir selbst spontan ein paar Dinge einfallen, ist das der beste und erfolgreichste Weg, die Sprache der Unterstützung zu lernen.

5. Berührung

Die fünfte Sprache ist die magische Sprache der Berührung. Wenn das deine Sprache ist, dann bist du ein echter Knutschbär. Du kannst stundenlang küssen, kuscheln und nicht einschlafen, wenn dein Partner einmal eine Nacht nicht zu Hause verbringt. Du brauchst die körperliche Nähe und mit jeder Umarmung laden sich deine Akkus wieder auf. Im Sommer kann es 45 Grad im Schlafzimmer haben, dein Partner fragt sich, wo der Bademeister mit dem Pinienaufguss bleibt, aber du möchtest trotzdem eng an ihn gekuschelt einschlafen. Dir ist es egal, ob dein Arm bereits eingeschlafen ist und abzusterben droht – Hauptsache, ihr kuschelt euch gegenseitig ins Land der Träume.

Die Zärtlichkeiten, die du in einer Beziehung brauchst, können vielfältig sein. Du magst es, wenn man dir den Arm um die Schulter legt, dir liebevoll über die Wange streicht – und das auch gerne, wenn andere Menschen dabei sind. Für dich sind liebevolle Berührungen das Zeichen: Wir gehören zusammen.

Wenn dein Partner die magische Sprache der Berührung spricht: Was solltest du tun, um ihn deine Liebe wortwörtlich spüren zu lassen?

Gewöhne dir unbedingt an, dass ihr zum Abschied und bei jedem Wiedersehen irgendeine Zärtlichkeit austauscht. Einen Kuss, eine Umarmung, bestenfalls beides. Ein flüchtiges »Hallo« oder »Bis bald« kann deinen Partner sehr viel mehr verletzen als andere Menschen, die eine andere Sprache der Liebe sprechen.

Haltet doch mal wieder Händchen in der Öffentlichkeit. Beim Spaziergang durch die Stadt, sonntags im Park oder abends im Kino.

Hauche ihm im Vorbeigehen ein Küsschen auf die Stirn oder in den Nacken – das ist natürlich davon abhängig, wo du größentechnisch gerade hinkommst.

Überrasche ihn mit einer Massage. Vielleicht machst du selbst einen Kurs, in dem du bestimmte Techniken der Entspannungsmassage unter professioneller Anleitung lernst.

Vereinbart einen festen Kuschelabend in der Woche, an dem ihr gemeinsam auf dem Sofa einen Film schaut oder einfach eng aneinandergekuschelt miteinander redet.

Hast du bereits entdeckt, welche deine magische Muttersprache der Liebe ist? Sprich mit deinem Partner darüber und findet gemeinsam heraus, worauf es euch beiden ankommt. Auch Eltern und Freunde haben in ihrer Beziehung zu dir eine bestimmte Sprache der Liebe. Während dein Vater beispielsweise am liebsten Golf mit dir spielt und somit Zeit und Lebensmomente mit dir verbringt, ist es deiner Mutter besonders wichtig, dass du sie fest umarmst, wenn ihr euch seht, oder dass du ihr sagst, wie sehr du sie liebst.

Die Sprache der Liebe findet in all deinen Beziehungen statt, du musst sie nur entschlüsseln und sprechen lernen. Glaube mir: It's magic!

No-Gos in Beziehungen

Es gibt Beziehungen, die nur dann funktionieren, wenn das teure Goldrandgeschirr in regelmäßigen Abständen durch die Küche fliegt, begleitet von dezent emotionalen Gefühlsausbrüchen, Schluchzen und Versöhnungssex auf dem Küchentisch. Jeder Mensch tickt anders und wenn diese routinemäßigen Gefühlsausbrüche für euch funktionieren und das am Ende des Tages ein dickes Plus unter eurem gemeinsamen Beziehungskonto bedeutet, dann ist ein Abo beim Geschirrhändler eures Vertrauens eine gute Investition in eure Beziehung – Paartherapeuten kosten mehr.

Die goldene Regel, die für jedes Paar passt, gibt es ohnehin nicht – aber sehr gute Überlegungen dazu. Der Beziehungsforscher und Psychologieprofessor John Gottman beispielsweise erforscht seit Jahrzehnten die Variablen erfüllender Partnerschaften und hat in seinem Buch »Die 7 Geheimnisse der glücklichen Ehe« folgende No-Gos für eine glückliche Beziehung definiert:

Kritik

Natürlich müssen wir innerhalb einer Beziehung auch einmal sagen dürfen, was uns stört und was wir gerne anders hätten. Das Was stellt Gottman auch gar nicht infrage, ihm geht es vielmehr um das Wie und Wann. Vorwürfe, Beschwerden und Nörgeleien, die deinem Partner signalisieren, dass er in deinen Augen unzulänglich ist, sind Gift für eure Beziehung. Nehmt euch Zeit für Gespräche und formuliert die Dinge, die ihr in der Beziehung gerne anders hättet, als Wunsch und nicht als Kritik. Sprecht davon, wie ihr euch fühlt, und nicht darüber, was euer Partner falsch gemacht hat. Ich-Botschaften sind dafür ein guter Ansatz.

Verachtung

Sarkasmus und zynische Bemerkungen haben in eurer Beziehung nichts verloren. Etwas, an das du dich längst nicht mehr erinnerst, weil du es einfach nur so aus deiner schlechten Laune heraus dahingesagt hast, kann deinen Partner unglaublich verletzen und wird ihm lange im Gedächtnis bleiben. Denke immer daran, dass uns Menschen nichts verletzlicher macht, als einen anderen Menschen aus vollem Herzen zu lieben. Genau deshalb sollten wir in der Kommunikation mit unseren Liebsten auch besonders darauf achten, wie wir etwas zum Ausdruck bringen.

Rechtfertigung

Wenn dein Partner über etwas spricht, das ihn in eurer Beziehung stört, dann höre ihm erst einmal in Ruhe zu, ohne dich gleich zu rechtfertigen. Sobald du »Ja, aber ...« sagen möchtest, machst du zukünftig ein meditatives innerliches »Ommm« und hörst weiter zu. Versuche seinen Standpunkt zu verstehen – vielleicht musst du auch erst einmal darüber nachdenken. Menschen neigen bei Kritik immer direkt dazu, ihren eigenen Standpunkt zu verteidigen und ihre Unschuld zu beteuern. Es geht hier aber doch gar nicht um Schuld, sondern darum, dass ihr euch beide in der Beziehung vom anderen geliebt fühlt. Die Gefühle des Partners auch mal auszuhalten und zu reflektieren, was du selbst damit zu tun haben könntest, ist nicht einfach – aber es ist die Sache wert.

Mauern

»Schatz, wir müssen reden!« Während Frauen in Beziehungen eher dazu neigen, auf Konfrontationskurs zu gehen, ist es eine typische Reaktion von Männern, einfach gar nichts mehr zu sagen und die Sache auszusitzen, bis der Sturm vorüber ist. Schweigen hilft keinem. Sie fühlt sich unverstanden und allein gelassen, während er sich zurückzieht. Die Folge dieses Verhaltens: Die Partner entfernen sich immer weiter voneinander. Sprecht über das, was euch bewegt!

Weitere No-Gos aus meiner eigenen Erfahrung:

Drohungen

»Wenn du nicht tust, was ich möchte oder was ich mir vorstelle, dann verlasse ich dich!« Emotionale Erpressung hat nichts, aber auch gar nichts mit Liebe zu tun, sondern mit der Unfähigkeit, seinen Willen mit anderen Mitteln als Druck und Erpressung durchzusetzen. Das ist keine Basis für eine Beziehung und das musst du unmissverständlich klarmachen.

Nicht um Hilfe bitten

Sich ein Problem einzugestehen und deinen Partner um Hilfe zu bitten, ist kein Zeichen von Schwäche. Sag ihm, wie er dir helfen kann, oder findet gemeinsam Wege, wie du dein Problem in den Griff bekommst. Ein Mensch, der dich liebt, wird merken, dass etwas nicht stimmt, und es vielleicht auf sich beziehen, obwohl er damit im Grunde gar nichts zu tun hat. Den Partner an deinen Problemen teilhaben zu lassen, ist ein Zeichen von Vertrauen.

Niemand kann deine Gedanken oder Gefühle erahnen. Manchmal funktioniert das innerhalb einer innigen Partnerschaft, in der wir uns nur durch Blicke signalisieren können, was wir gerade denken. Das ist etwas Magisches. Trotzdem sollten wir niemals vergessen, dass ständiges Gedankenlesen und das wortlose Erspüren unserer Bedürfnisse im normalen Wahnsinn des Alltags gar nicht möglich sind.

Laut John Gottman muss eine negative Erfahrung innerhalb der Beziehung mit fünf positiven ausgeglichen werden. Besser, ihr vermeidet sie gleich. Redet miteinander oder schreibt euch Briefe, wenn euch das Reden schwerfällt, und ganz wichtig: Bleibt bei euch und euren Gefühlen, die das Verhalten eures Partners bei euch auslösen. Keine Vorwürfe, keine Drohungen, keine zynischen Kommentare und keine raschen Rechtfertigungen. Vielleicht nehmt ihr einige dieser Punkte in euren persönlichen Beziehungs-Code-of-Honor auf.

Ich bin nicht krank – ich bin nur Single

Single zu sein ist keine Krankheit. Ich habe es gegoogelt und es ist weltweit in keinem Diagnose- und Klassifikationssystem für Krankheiten aufgeführt. Ich glaube, dass wir Menschen nicht dafür gemacht sind, allein durchs Leben zu tanzen, aber genauso wichtig finde ich, dass du mit dir selbst allein sein kannst – wenn du es denn müsstest.

Es ist unglaublich wichtig, seinem Herzen nach einer Beziehung eine kleine oder größere Pause zu gönnen und etwas mehr Zeit mit sich selbst zu verbringen. Zeit, um all die Dinge zu tun, auf die du in der Beziehung verzichtet hast oder zu denen dein Partner vielleicht keine Lust hatte. Zeit, um dich neu zu erfinden oder um in Ruhe zu reflektieren, warum der gemeinsame Weg zu Ende war.

Gehe mit dir selbst auf Reisen, entdecke etwas Neues für dich, führe dich alleine zum Essen aus, streiche dein Schlafzimmer in Rosa oder stelle den Bierkasten neben das Bett. Einfach, weil du es kannst. Single zu sein musst du nicht heilen, du musst es feiern, mit all den Dingen, auf die du einem Partner zuliebe gerne verzichtest oder die du nur dann tun würdest, wenn deine bessere Hälfte gerade nicht zu Hause ist.

Single zu sein ist oft sogar ein echter Glücksfall: Ein Leben lang von einer in die nächste Beziehung oder Affäre zu stolpern, nimmt dir so viele Möglichkeiten, dich selbst besser kennenzulernen. Bella DePaulo, Sozialpsychologin aus den USA, hat ein Dutzend Bücher über das Single-Dasein geschrieben und bloggt auf dem Online-Portal der »Psychology Today« zum Thema »Living Single«. Sie hat herausgefunden, dass Menschen in Zeiten, in denen sie mit sich allein sind, die größten Entwicklungsschritte in ihrer Persönlichkeit machen.

Als Single hast du auch die Chance zu entdecken, wie du dir selbst die Rosen, den Sonnenschein und die Glückshormone ins Leben holst. Dazu brauchst du nämlich keinen Partner. Menschen merken oft erst, wozu sie fähig sind, wenn ihnen plötzlich keiner mehr dies und das abnimmt und sie auf sich selbst gestellt sind. Da werden Männer zu Sterneköchen, denen in der Beziehung immer und immer wieder das Nudelwasser angebrannt ist, und Frauen zu Stammkunden im Baumarkt, die vorher nicht mal eine Glühbirne auswechseln konnten.

Bella DePaulo hat auch herausgefunden, dass Singles besser in Freundeskreise eingebunden sind und dass sie mehr Kontakt zu Geschwistern und Eltern haben als Menschen, die in Partnerschaften leben. In unseren Singlephasen bauen wir stärkere Bindungen zu unserem sozialen Umfeld auf, weil wir schlichtweg mehr Zeit haben für gemeinsame Männerurlaube mit den Jungs, Spa-Wochenenden mit der Schwester, Freizeitparkbesuche mit Patenkindern oder Kreuzfahrten und Brunch-Sonntage mit unseren Eltern.

Diese Lebensmomente kann dir auch dann keiner mehr nehmen, wenn dein Terminplan irgendwann wieder mehr Kuschelabende vor dem Fernseher oder Sonntage im Bett vorsieht, weil du dich neu verliebt hast.

Ich habe in meinem Leben viel Zeit auf Reisen und mit mir selbst verbracht – Phasen, in denen ich mein »Warum« gesucht und gefunden habe. Ich habe Lebensmomente mit Menschen gesammelt, die heute Teil meines Teams sind und von denen ich weiß, dass ich mich zu 100 Prozent auf sie verlassen kann. Nur durch all diese Erfahrungen konnte ich irgendwann einen solch großartigen Menschen wie meine Frau Rita in mein Leben lassen, und dafür bin ich auf ewig dankbar.

Wenn du also gerade Single bist und zufrieden damit, dann lass dir bitte von keinem einreden, dass du eine komplizierte Persönlichkeit bist oder irgendetwas nicht stimmt mit dir. Du lernst dich einfach gerade besser kennen, sammelst Lebensmomente mit wichtigen Menschen und erfährst, wie es ist, dich auf dich selbst verlassen zu können. Und du weißt nun: Du kannst die Zeit mit dir allein durchaus genießen und musst nicht immer Halt bei einem Partner suchen, der dich auffängt.

Umso selbstbewusster wirst du dich nach dieser Zeit neu verlieben können. Nicht, weil du unbedingt einen Partner brauchst, um glücklich zu sein – sondern weil du dein Glück gerne mit einem Menschen teilen möchtest.

Hilfe, ich bin ein Wok

Die Auswahl an Deckeln ist so groß wie nie zuvor, aber irgendwie will keiner so richtig passen. Kommt dir das bekannt vor? Ich persönlich kenne zum Beispiel einige Frauen – so Anfang, Mitte dreißig –, die, obwohl sie das sicherlich nicht möchten, noch immer allein sind. Und dafür gibt es eigentlich keinen Grund. Diese Frauen stehen fest im Leben, sind gepflegt und attraktiv, wissen genau, was sie können, und haben auch schon die eine oder andere Beziehung hinter sich.

Sie haben das Singleleben für sich entdeckt und eine Zeit lang durchaus genossen. Inzwischen kennen sie diesen Status mit all seinen Vor- und Nachteilen aber in- und auswendig und könnten so langsam wirklich gut darauf verzichten. Insgeheim wünschen sie sich einen Partner, eine eigene Familie, jemanden, der für sie da ist und sein Leben mit ihnen teilt. Das Ganze gibt es natürlich auch in männlicher Ausführung: Prinz sucht Prinzessin. Da draußen laufen also sehr viele interessante Frauen und Männer herum und sind auf der Suche nach der oder dem Richtigen. Und die Möglichkeiten, Mrs. oder Mr. Right zu finden, sind, auch dank Social Media, größer als je zuvor. Trotzdem klappt es in vielen Fällen nicht. Was ist da los?

Wenn ich mich mit den Single-Frauen unterhalte, kristallisiert sich dabei nach und nach ein Muster heraus. Das gilt aber genauso für Männer – ihr müsst euch jetzt nicht ausgeschlossen fühlen, falls das auch auf euch zutrifft, meine Herren. Dann macht ihr aus dem Prinzen einfach die Prinzessin und umgekehrt. Ihr seid clever – ihr schafft das.

Also, ich höre jedenfalls immer die gleichen Sätze, beispielsweise: »Ich weiß nicht, das passt einfach nie so richtig.« Liebe Single-Frauen (und -Männer!), dazu fällt mir spontan etwas ein: »So richtig« passt im Leben so ziemlich gar nichts – wir machen immer und überall Kompromisse. Doch der Prinz auf dem Schimmel, der die Prinzessin aus dem selbst gemauerten Turm befreien soll, der muss theoretisch alles können: Mit links rückwärts einparken, dabei Rilke rezitieren, während er dir mit rechts den Nacken massiert, fein nach Erdbeeren duftet und ausschaut, als sei er nach einem 12-Stunden-Arbeitstag gerade dem »Men's Health«-Magazin entsprungen. Sicher doch – Märchenprinzen können das. Deshalb heißen die Kerle doch Märchenprinzen, weil es sie nur im Märchen gibt.

Für die weibliche Version wäre das Aussehen eines Victoria-Secret-Models begrüßenswert. Stets perfekt gepflegt und wunderschön, dabei natürlich sportlich und unkompliziert, auch beim Backpacking-Urlaub im Dschungel. Außerdem bringt dieses Wunderwesen selbstverständlich ganz locker Karriere, Windelwechseln und den Sonntagsbraten unter einen Hut – und das immer bei bester Laune. Das versteht sich ja von selbst, oder?

Doch zunächst zurück zu den Single-Frauen: Versteht mich bitte nicht falsch! Ich sage ja nicht, dass ihr den Nächstbesten nehmen und jegliche Ansprüche über Bord werfen sollt. Aber das Festhalten an dieser Idealvorstellung ist natürlich auch eine Methode, sich vor Enttäuschungen zu schützen – weil kein echter Mann mit Ecken und Kanten diesem Ideal jemals entsprechen kann. Ganz schön praktisch, um nicht verletzt zu werden und sich alle Optionen offen zu halten – und ganz schön wahrscheinlich, auf diese Weise für immer allein im Turm zu bleiben. Denkt mal drüber nach.

Auch der Singe-Mann mit dem exquisiten Geschmack und den hohen Ansprüchen kann sich vor einer (weiteren) großen Enttäuschung schützen, wenn er bei seinem Idealbild bleibt, wenn er vorgibt, dass Gefühle ohnehin nichts für richtige Männer sind, und sich dann beschwert: »Sie war einfach nicht die Richtige.«

Es gibt aber noch andere Gründe, warum es für manchen klugen, attraktiven Topf keinen auf Dauer passenden Deckel gibt: immer wieder auf den gleichen Typ Mann oder Frau reinfallen. Viele Frauen haben einen offenbar untrüglichen Instinkt, sich in den Falschen zu verlieben. Diese Frauen kann man auf eine Party mit 500 Männern stecken und sie werden unter Garantie den einen Volltrottel mit nach Hause nehmen, der sie schlecht behandeln wird. 499 geile Typen gehen leer aus, obwohl jeder Einzelne von ihnen die bessere Wahl gewesen wäre als dieser eine miese Typ.

Genau der, der nicht für sie da ist, ihr zu wenig Aufmerksamkeit schenkt, permanent fremdgeht oder sie anderweitig schlecht behandelt, den zieht sie an wie ein Magnet und legt ihm die Welt zu Füßen, diesem Idioten. Aber auch die Jungs kennen dieses Phänomen und wenn nicht von sich selbst, dann von einem guten Kumpel, der immer wieder den gleichen Typ Frau als seine »große Liebe« vorstellt und von der die Freunde schon nach zwei Sekunden wissen: Die wird ihn bestimmt unglücklich machen.

Warum lassen diese Frauen und Männer das mit sich machen und warum suchen sie sich immer wieder die Falschen aus? Niemand will doch absichtlich leiden, oder? Ich glaube, das hat einen anderen Grund: In diesen Fällen hat sich der innere Magnet irgendwann im Laufe des Lebens ungünstig programmiert. Und das geschieht meist schon in der Kindheit.

Du erinnerst dich: Unsere Eltern zeigen uns, was Liebe ist und wie das Geliebt-Werden funktioniert. Diese Information manifestiert sich irgendwann in deinem inneren Magneten. Wenn du nun im Laufe dieser Programmierung gelernt hast, dass du dir Liebe verdienen musst, indem du ganz besonders brav und angepasst bist, ist es sehr wahrscheinlich, dass du genau solche Beziehungen in dein Leben ziehst, in denen du diese Erfahrung wiederholen wirst – in denen du deine eigenen Bedürfnisse zurücksteckst, um geliebt zu werden.

Vielleicht hast du auch am Beispiel deiner Eltern gelernt, dass lieben bedeutet, immer mehr zu geben als zurückzubekommen. Plus-Minus-Beziehungen – du erinnerst dich? Also wirst du dir vermutlich zielsicher jemanden suchen, der gerne nimmt und ungern gibt.

Ich weiß es nicht. Aber irgendwo da, in deinem inneren Magneten, liegt der Märchenprinz oder die Prinzessin begraben. Du suchst einen Partner, der dich liebt, und landest bei dem, was du unbewusst als Liebe abgespeichert hast. Das ist wie ein Trampelpfad im Gehirn, über den du immer wieder drüberläufst. Manchmal merkst du vielleicht sogar, dass dir diese Verbindungen nicht guttun, aber du schaffst es trotzdem nicht, beim nächsten Mal einen anderen Menschen in dein Leben zu lassen.

Warum ist das so verdammt schwer? Weil unser Unterbewusstsein, also der Magnet, nur sehr langsam umlernt. Du fällst somit, ohne es wirklich zu wollen, immer wieder auf die gleichen Typen und Vorstellungen herein. Und sobald du das merkst, steigst du nicht etwa aus, sondern versuchst, das Ganze noch zum Guten zu verändern – wie in einem schlechten Film. Du willst dem Drama auf Biegen und Brechen ein Happy End geben. Du hast schon so viel investiert und jetzt soll diese Geschichte doch bitte auch funktionieren und ein gutes Ende haben.

Aber seit wann haben Dramen denn ein Happy End? Das ist eine Herausforderung, die du nicht meistern kannst. Es ist leider so: Menschen ändern sich nicht durch und schon gar nicht für dich.

Denn das, was dieser Mann (oder diese Frau) in seinem Magneten als Liebe abgespeichert hat – dich so zu behandeln, wie er es tut –, das löschst du nicht einfach. Du wirst weder diesen Menschen noch euer vorprogrammiertes Ende jemals verändern können.

Aber du kannst durchaus etwas tun: Du kannst dieser Geschichte einen neuen Anfang geben. Teste doch mal einen anderen Typ Mann oder Frau. Nur dann wird auch das Ende ein neues sein. Wenn du die Anziehungskraft deines inneren Magneten einmal identifiziert hast, heißt das zwar nicht, dass du dich nie mehr von diesem falschen Typ Mensch angezogen fühlen wirst. Aber du wirst es früh genug merken und hast somit die Chance, noch während des Vorspanns aus dieser Hauptrolle auszusteigen und sie jemand anderem zu überlassen. Denn du weißt, wie es ausgehen wird. Du hast es oft genug erlebt und jetzt ist es an der Zeit, deinen Magneten umzuprogrammieren: Not your drama, not your problem anymore.

Aber Vorsicht: Es wird sich eine Weile seltsam anfühlen, wenn er dich plötzlich versteht, dich auf Händen trägt und zum Mittelpunkt seines Lebens macht. Oder wenn sie auch deine schwachen Seiten mag und dir das Gefühl gibt: Du bist trotzdem mein Held. Vielleicht hast du so einen wunderbaren Menschen schon einmal getroffen und damals einfach stehen lassen, weil du dir dachtest: Das ist irgendwie nicht das, was sich für mich nach Liebe anfühlt. Warum? Nicht, weil das falsch ist, sondern weil es eine Form des »Richtig« ist, die du noch nicht kennst. Gib diesem Menschen eine Chance – und vor allem dir. Gib dir Zeit, den Trampelpfad in deinem Gehirn zu verlassen und einen neuen Weg zu gehen. Es wird dauern, bis du diese neue Art von Liebe erkennst und annehmen kannst. Aber diese Ausdauer und Geduld mit dir selbst wird sich mehr als lohnen.

Auch geliebt zu werden, müssen wir manchmal erst üben.

Die Sprache der Tiere …

… hat meine Beziehungen zu anderen Menschen komplett verändert. Ich habe vor vielen Jahren verstanden, dass es meine Lebensreise ungemein bereichert, wenn ich die Sprache der Menschen spreche, die mit mir auf dieser Reise unterwegs sind. Und damit meine ich jetzt nicht Spanisch, Englisch oder Mandarin. Die vier Sprachen, die ich meine, sind sehr viel einfacher zu lernen. Unbewusst kennst du sie schon, du bist nur noch nicht fähig, sie zu sprechen. Aber das ändert sich jetzt.

Die ursprüngliche Idee dazu ist im Grunde nicht ganz neu. Sie stammt nicht von mir, sondern von jemandem, der um einiges schlauer war als ich. Ich habe das Modell also nicht erfunden, sondern, sagen wir, tierisch weiterentwickelt.

Ausgedacht hat sich das im Grundsatz der griechische Philosoph und Arzt Hippokrates im 5. Jahrhundert vor Christus. Das wäre auch ein Job für mich gewesen: Da sitzt du den ganzen Tag auf einem Stein und denkst dir irgendwas aus … aber Sprecher ist auch okay. Der gute Herr Hippokrates ist seit langer Zeit tot, aber seine Idee von den vier Körpersäften hat Galenos von Pergamon inspiriert, die Lehre der vier Temperamente beziehungsweise Menschentypen daraus zu entwickeln. Ich denke, er hat sicherlich nichts dagegen, dass ich einige seiner Gedanken am Leben erhalte, indem ich sie aufgegriffen und für unsere Zeit passend weiterentwickelt habe.

Wer mich kennt, weiß, dass mich die Welt, in der wir leben, schon immer fasziniert, dass ich gerne reise, die Natur liebe und mich mit »The Ocean Cleanup« für die Säuberung der Meere einsetze. Deshalb habe ich die vier Menschentypen vier Tieren zugeteilt:

Eule – Hai – Wal – Delfin

Ja, ich weiß: Das sind nicht alles Meerestiere. Was es damit auf sich hat, wird später noch Thema sein.

Um das Konzept der vier Tiere zu verstehen, musst du nicht besonders intelligent sein – nur ein wenig clever und aufmerksam. Sobald du ihre Sprache sprichst und sie erkennen kannst, wirst du die Menschen in deinem Leben plötzlich mit ganz anderen Augen sehen und, viel wichtiger:

Du wirst anders mit ihnen kommunizieren.

Und dann werden plötzlich ganz verrückte Dinge passieren: Dein unausstehlicher Kollege bringt dir morgens einen Kaffee an den Schreibtisch; die stoffelige Bäckereifachverkäuferin zieht zum ersten Mal seit Jahren die Mundwinkel nach oben und hat dir vorsorglich drei Croissants reserviert, während dein ehemaliger Morgenmuffel zu Hause schon den Frühstückstisch vorbereitet hat, »La Bamba« pfeift und frische Tulpen auf dem Tisch stehen. Die hat er trotz Nieselregen im April frisch gepflückt, als er freiwillig mit dem Hund eine Runde Gassi ging. Genauso wird das sein. Oder zumindest so ähnlich.

Die Sprache der vier Tiere wird dir auch dabei helfen, im Berufsleben erfolgreicher zu kommunizieren, effektivere Teams zusammenzustellen und die höchst individuellen Bedürfnisse deiner Kunden besser zu erkennen und zu befriedigen.

Du wirst, während du die folgenden Seiten liest, bestimmt das ein oder andere Mal schmunzelnd an Kollegen, Familie oder Freunde denken müssen. Und es wird dir vielleicht ein Licht aufgehen: Du hast bei der Erziehung nicht versagt, nur weil das Zimmer deiner Tochter ausschaut wie nach einem Erdbeben, gefolgt von einem Tsunami, während ihr kleiner Bruder seine Socken ganz akkurat farblich sortiert in der Kommode ordnet – mit drei Jahren.

Eins vorab: Das muss so. Das darf so. Das ist gut so.

Welches Tier bin ich?

Am Ende des Buches gibt es ein Geschenk. Ich schenke dir einen Persönlichkeitstest, mit dem du herausfindest, welche Tierkombination hinter deiner einzigartigen Persönlichkeit steckt. Um die Sprache der Tiere zu erlernen, musst du aber noch gar nicht wissen, welches Tier du selbst bist. Wenn du zum ersten Mal von den Tieren hörst, würde ich dir auch empfehlen, den Test erst nach den Kapiteln über Wal, Delfin & Co. zu machen. Glaub mir: Der Test macht eine Menge Spaß und es ist faszinierend, wie gut es dir schon nach dem ersten Kennenlernen der Tiere gelingen wird, dich selbst einzuschätzen.

Jeder von uns ist immer eine Mischung aus den vier Persönlichkeitstypen Wal, Hai, Delfin und Eule. Ganz selten ist jemand quasi hauptberuflich nur eines der Tiere. Das würde bedeuten, dass er in seinem Persönlichkeitsprofil 100 Prozent eines Tieres hat und die drei anderen gar keine Rolle spielen. Das kommt vor, ist aber selten.

In diesem Modell ist auch kein Tier »besser« als das andere. Alle vier Tiere haben ihre Berechtigung mit ihren individuellen Stärken und Schwächen und sind somit auch gleichermaßen wertvoll. Die Anlage für jedes einzelne Tier steckt in jedem von uns – allerdings sind die vier Tiere nicht bei jedem gleichmäßig ausgeprägt. Wie stark sie entwickelt sind, ist zum einen genetisch bedingt und hängt zum anderen davon ab, wie wir geprägt wurden: in welchem Umfeld wir aufgewachsen sind, welche Nischen wir uns gesucht haben und welche Fähigkeiten wir vielleicht in unserem frühen Leben entwickeln mussten, um Liebe und Anerkennung zu bekommen.

Eines ist sicher: Was du in der ersten Phase deines Lebens erlebt hast, hat einen großen Anteil an deiner Persönlichkeit. Bewegst du dich zu etwas hin oder von etwas weg? Welche mentalen Trampelpfade bist du immer wieder gelaufen und worauf richtete sich der Blick aus deinem Kinderzimmer? Und so weiter …

Die vier Tiere kannst du in allen Lebensbereichen entdecken und sobald du ihre Sprache sprichst, kannst du eure Beziehung auf eine ganz besondere Art und Weise vertiefen und die gemeinsame Reise auf unserem Mutterschiff Erde viel intensiver genießen. Ich arbeite seit fast 20 Jahren mit diesem Modell und habe es in vielen deutschen Unternehmen eingesetzt, etwa bei Vorwerk oder Bugatti. In diesen Firmen kennen alle Mitarbeiter die tierischen Eigenheiten ihrer Kollegen und auch ihre eigenen. Auf vielen Schreibtischen der Republik liegen kleine Tiersymbole, die vor den Charaktereigenschaften des tierischen Gemüts warnen oder zum Kuscheln einladen. Das Modell der vier tierischen Menschentypen ist mit Abstand das erfolgreichste in meinem Repertoire und wurde schon vor der Veröffentlichung dieses Buches über 1,5 Millionen Mal online angeschaut. Wen's interessiert:

https://www.youtube.com/watch?v=-lOp9qrjLJU

Unzählige Briefe bestätigen die gute Anwendbarkeit des Modells – da geht es um gerettete Ehen, wiederbelebte Freundschaften und einen neuen guten Ton mit den Kollegen im Büro. Das ist toll! Dennoch ist mir vollkommen bewusst, dass Menschen sich nicht einfach in Schubladen stecken lassen. Dieses Buch dient als eine Art Werkzeugkiste für die Momente, in denen du mit deiner Art zu kommunizieren nicht weiterkommst.

Und eines kann ich dir versprechen: In keiner Kassenschlange, an keiner Haltestelle, in keinem Transit am Flughafen und bei keiner noch so öden Familienfeier wird dir mehr langweilig sein, wenn du das Prinzip erst einmal verstanden hast. Familienfeiern werden dir wie ein Improvisationstheater vorkommen. Du weißt plötzlich genau, weshalb wer mit wem kann und wer mit wem eben nicht, warum es immer beim gleichen Thema Zoff gibt und welche Rolle du dabei spielst.

Bereit für einen kleinen Sprachkurs à la Tobias Beck? Los geht's! Ich wünsche dir viel Spaß beim Entdecken deiner tierischen Persönlichkeit.

Der Wal

Kein Wal ist wie der andere. So wie es im Meer etwa 90 Arten von Walen gibt, gibt's auch unter deinen Mitmenschen die unterschiedlichsten Wale. Allerdings leben sie an Land und haben zwei Beine.

Sie also rein äußerlich als Wal zu erkennen, wird nur den Geübtesten gelingen, aber spätestens nach der Lektüre des Buches wirst du sehr viel Spaß daran haben, die einzelnen Menschentypen zu identifizieren.

Wale sind mit einer einzigen Frage im Kopf auf das Mutterschiff Erde gekommen, und die lautet:

Was haben andere Menschen davon, dass es mich gibt?

Diese Frage ist unglaublich praktisch – in erster Linie für die anderen Menschen, also auch für dich.

Nehmen wir an, du bist neu in der Stadt und auf eine Party eingeladen. Du kommst am Büffet ins Gespräch und erzählst, dass du in der kommenden Woche mit deinem gesamten Hausstand samt Hund, Katze, Maus und drei Chinchilla-Babys umziehen wirst. Wenn du jetzt Glück hast und ein Wal vor dir steht, wird er vor Aufregung fast das letzte Lachshäppchen fallen lassen, das er dir in dem Moment reichen wollte, und dir sofort – obwohl ihr euch gerade erst kennengelernt habt – seine Hilfe anbieten. Und das Tollste an der Sache ist: Er WILL helfen! Er hilft gerne! Und vor allem: Er ist Profihelfer. Ein Wal denkt an genau die Dinge, die dir am Morgen deines Umzugs ganz sicher fehlen werden. Und was bringt der Walmensch, den du eigentlich gar nicht kennst, zu deinem Umzug mit? – ALLES!

Umzugskartons, Decken, Seidenpapier, Klebeetiketten, Karren. Aber vor allem eines: andere Wale! Viele andere Wale, die du auch nicht kennst, die dir aber trotzdem gerne helfen wollen: Ein Wal kommt selten allein. Denn ein Satz, der nicht nur für Wale gilt und den du dir unbedingt merken solltest, lautet:

Menschen mögen Menschen, die ihnen ähnlich sind.

Und Wale mögen außerdem Menschen, denen sie helfen können. Wenn du einem Wal also sagst, dass dein Umzug am Montagmorgen um acht beginnt, wann ist er da? Um sieben! Natürlich, denn er muss ja erst einmal ausladen, was er in seinem Minivan alles mitgebracht hat.

Das ist neben allen nötigen Umzugsutensilien und Helfern natürlich auch Proviant für die Umzugscrew. Am Abend zuvor hat er dafür stundenlang Mettbrötchenhälften geschmiert, Zwiebeln fein gehackt, für die Vegetarier Käsebrötchen belegt, für die Frutarier schnell einen Obstsalat zubereitet und für die Veganer mit dem Thermomix eine Hummuscreme gezaubert. Das Rezept dafür hat er auf dem Weg noch fix im Copyshop kopiert, für alle, die es nachkochen möchten.

Wale müssen natürlich aufpassen, dass ihre Hilfsbereitschaft nicht ausgenutzt wird. Dazu später mehr. Ich möchte euch erst einmal die anderen Wesenszüge eines Wals vorstellen. Wale sind Schwarmtiere. Sie sind gesellig, stehen nicht gerne im Mittelpunkt und kümmern sich bevorzugt um andere. Ihr Leben nur auf den Spaß an der Sache auszurichten, würde ihren Sinn des Lebens ad absurdum führen.

Und weil Menschen Menschen mögen, die ihnen ähnlich sind, gibt es sogar eigene Feriengebiete für Wale. Quasi Massenstrandungen unter besten Walbedingungen: Camping. Wale lieben Camping. Warum? Weil sie dort genau das machen können, was sie sonst auch tun: kochen, putzen, waschen …

Wale sind auf dem Campingplatz oder im Center Park ganz in ihrem Element, wenn sie sich um den Mehltau auf den Rosen ihrer Nachbarn kümmern, dem Junior von gegenüber das Schwimmen beibringen und für alle ihr preisgekröntes Tiramisu zubereiten können.

Am Abend glühen die Walmänner schon mal den Grill vor, denn sie haben Würstchen für die gesamte Nachbarschaft besorgt. Aber natürlich werden die erst gegrillt, nachdem sie Heinz-Olaf von nebenan noch schnell beim Reparieren der Gartendusche geholfen und dem kleinen Hannes den Fahrradschlauch geflickt haben. Hannes' Vater schaut wegen wichtiger Meetings nämlich immer nur am Wochenende vorbei und hat für sowas wie defekte Fahrradschläuche zwei linke Hände. Hannes' Vater ist kein Wal, wie du dir vielleicht schon denken kannst. Hannes' Vater ist Hai. Aber zu dem kommen wir später. Noch bleiben wir ein bisschen bei den Walen und ich kann mir vorstellen, dass du dich als Wal gedanklich schon richtig eingegrooved hast.

Stelle dir also bitte mal vor, du bist hauptberuflich Wal. Ein richtiger Helfertyp – wenn du Monopoly spielst, lässt du andere gewinnen und fühlst dich eins mit dir und der Welt. Du bist ein Mensch für alle Fälle. Einer, der morgens auf der Autobahn alle einfädeln lässt, die das Prinzip »Reißverschlussverfahren« bis heute nicht verstanden haben. Denen nickst du jeden Morgen aufs Neue freundlich zu – ohne ein Fünkchen Ironie und ohne dabei jemals kurz vorm Infarkt zu stehen. So einer bist du.

Und du liebst eine ganz bestimmte Art von Fernsehsendungen. Für die hast du dir schon die Großpackung Kleenex auf dem Sofatisch bereitgestellt: »Nur die Liebe zählt«, »Bauer sucht Frau«, »Das Haus im Glück«. Ein hauptberuflicher Wal kennt sie alle, mit Sendezeit und Mediathek-Wiederholungen.

In meinem Psychologiestudium habe ich gelernt, dass Medienanstalten sich dieses Prinzip der vier Menschentypen schon lange zunutze machen. Wenn du clever bist – und das bist du, sonst würdest du jetzt das Dschungelcamp gucken und nicht dieses Buch lesen: Welche Spots würdest du in den Werbepausen schalten?

Nun, da geht es erst einmal um den richtigen Zeitpunkt. Kurz bevor sich die Gisela und der Maputo aus dem Keniaurlaub wieder in den Armen liegen und alles gut wird, kommt ein Cut und die Werbung geht los – aber nicht irgendeine Werbung, sondern Walwerbung. Natürlich! Du würdest einen Werbespot kreieren, der auf Emotionen setzt, mit Tränen und Lachen und Wiedersehensfreude und dann würden zwei Menschen im strömenden Regen mit einer Packung »Danke-Schokoladenriegel« aufeinander zulaufen und sagen: »Merci, dass es dich gibt!«

Am Montagmorgen gehen dann gefühlt 200.000 Wale in den Supermarkt und kaufen Danke-Schokolade mit französischem Akzent, obwohl sie selbst die Sorte mit der Kaffeesahne gar nicht mögen. Ganz schön gemein, oder?

Die Welt braucht Wale. Wale halten Gemeinschaften zusammen und sind in ihrer ausgeglichenen Standhaftigkeit oft der Puffer zwischen den anderen Menschentypen. Im Büro sind sie der Ruhepol und Kummerkasten, in einer Familie der ruhende Fels in der Brandung und in einer Freundschaft der Freund, der dich morgens um vier betrunken von der Parkbank pflückt, wenn das Glück mal wieder vergessen hat, dass es dich gibt.

Die wichtigste und für mich herausragende Charaktereigenschaft eines Wals ist allerdings sein Tiefgang. In der Natur können Wale bis zu 3000 Meter tief tauchen und gehen stets langfristige Beziehungen ein. Wenn Wale dich in ihr Herz geschlossen haben, hast du einen Freund fürs Leben, mit dem du all deine Geheimnisse teilen kannst. Warum? Wale sind treu und können schweigen wie ein Grab.

Ein weiteres Indiz, an dem sich Wale schnell und zuverlässig erkennen lassen, sind Autoaufkleber: »Baby on tour« prangt beispielsweise auf dem Renault Megane, mit dem die Walfamilie – sich immer schön an das Tempolimit haltend – dem Freizeitpark entgegenfährt, um sich dort brav vier Stunden anzustellen und dann drei Minuten in der Märchenachterbahn zu sitzen. Hauptsache, den Kindern der Nachbarn gefällt der Ausflug. Auch Schlüsselanhänger mit Teddys oder einem Talisman könnten Rückschlüsse auf einen Wal auf zwei Beinen zulassen. Wale lieben übrigens Souvenirs, und eine ganze Andenken-Industrie buhlt um die Gunst dieser emotionalen Käufer.

Ich bin mir sicher: Ihr habt schon eine Idee, wer die Wale in eurem Leben sind. Vielleicht bist du selbst einer. Vielleicht findest du dich in der einen Wal-Situation wieder, aber in der nächsten gar nicht. Das liegt einfach daran, dass wir in der Regel nicht zu 100 Prozent einem Menschentypen zuzuordnen sind. Wir alle sind Mischtypen aus den vier verschiedenen Tieren und haben meist eines oder zwei, die unser Wesen dominieren.

Wen aus deiner Familie, deinem Freundes- oder Kollegenkreis glaubst du als Wal identifiziert zu haben? Wenn dir spontan einige Namen einfallen, dann notiere sie doch direkt:

Der Hai

»Rette sich, wer kann! Die Viecher beißen!«, denken wir völlig zu Recht, wenn der Schrecken der Meere auftaucht. Denn nicht nur Wale schwimmen im großen Ozean der Menschentypen, sondern auch das wohl gefürchtetste Tier unter ihnen: der Hai. Und wenn du ganz viel Pech hast, beißt er nicht nur zu, sondern frisst dich gleich komplett auf: mit Haut und Haaren und das schon zum Frühstück. Ein zugegeben eher unerfreulicher Start in den Tag.

Wie viele von euch haben schon jetzt gemerkt, dass Wale und Haie komplett gegensätzliche Menschentypen sind? Während der Wal sich von morgens bis abends die Frage stellt: »Was haben eigentlich andere Menschen davon, dass es mich gibt?«, dreht der Hai die Frage einfach um und fragt sich:

»Was habe ich eigentlich davon, dass es andere Menschen gibt?«

Ein ganz anderer Menschentyp!

Ohne Vorwarnung mit einem Hai konfrontiert zu werden, ist also nicht nur für Surfer und Taucher ungünstig. Auch in deinem ganz persönlichen Umfeld kann das eine unschöne Erfahrung sein – zumindest solange du noch kein Haiisch sprichst. Aber das wird sich jetzt ändern.

Nehmen wir einmal an, dass du auf der erwähnten Party keinem Wal, sondern einem Hai am Büffet in die Arme läufst. Gut, das dürfte relativ unwahrscheinlich sein, denn Haie holen sich ihre Snacks in der Regel nicht selbst, Haie werden bedient. Aber in unserem Fall hat er sich doch mal dorthin verirrt. Wenn du ihm nun erzählst, dass du kommende Woche umziehst, hat er aller Wahrscheinlichkeit nach gerade selbst das letzte Lachshäppchen mit einem Schluck Champagner heruntergespült und berichtet dir, dass auch er kürzlich hat umziehen lassen – 250 Quadratmeter Loft, 60 Quadratmeter Dachterrasse, Sauna, Whirlpool, Koi-Karpfen-Teich im Garten – nur die Designermöbel aus Bali sind noch unterwegs. Ganz anderer Menschentyp.

Aber hey, vielleicht wolltest du deine neue 30 Quadratmeter große Ein-Zimmer-Souterrain-Wohnung auch schon immer im Teakholzdesign aus Bali einrichten und kannst dich gar nicht entscheiden, welche Koi-Karpfen demnächst in das Waschbecken deines Mini-Badezimmers einziehen sollen – dann hast du mit Sicherheit die Aufmerksamkeit des Hais und den goldrichtigen Gesprächspartner für den Abend gefunden. Und auch wenn er das letzte Lachshäppchen selbst verspeist hat, kannst du dir sicher sein, dass er euch bereits mit einer lässigen Handbewegung ein paar neue geordert hat, samt Magnumflasche – ist ja viel zu schnell leer, das Zeug.

Damit du deinen neu gewonnenen Freund nun nicht schneller wieder loswirst, als du am Schampus nippen kannst, solltest du spätestens jetzt Haiisch mit ihm sprechen und ein Thema platzieren, das dich für den Hai interessant macht. Ich bin mir fast sicher, er kennt den Chef irgendeines Umzugsunternehmens, weil die beiden zusammen Golf spielen oder vergangenes Wochenende bei der Formel 1 in Singapur waren. Doch ihn interessiert erst einmal nicht die Bohne, in welches Wohnklo du gerade einziehst – ihn interessiert vor allem, was er davon hat, dass er mit dir gerade eine Magnumflasche Schampus schlürft. Denn:

Der Fisch muss den Köder mögen, ob der Köder den Fisch mag, ist völlig egal.

Einen Hai an der Angel oder in deiner Kontaktliste zu haben, ist immer eine gute Idee. Wenn du also ein paar Haie in deinem persönlichen Ozean brauchst, solltest du dir diesen Satz einprägen. Er gilt in vielen Lebensbereichen, aber natürlich insbesondere in jeder Form des Marketings.

Wir erinnern uns an die Fernsehsendungen für Wale, die das Herz berühren und den Wal an das Gute in der Welt glauben lassen. Diese Sendungen kennt ein Hai im Zweifel nur vom Hörensagen, wenn er nicht gerade selbst der Produzent ist. Falls du nun vorhast, ein Produkt, sagen wir einen wertigen Statement-Kugelschreiber an den Mann oder die Frau zu bringen, wo würdest du diese Werbung platzieren? (Oh ja, es gibt weibliche Haie, meine Lieben. Oft unterschätzt, aber nicht weniger bissig. Den Kontakt mit einer echten Hailady vergisst du nicht so schnell.)

Aber zurück zu unserem 500-Euro-Kuli. Weil du clever bist, würdest du die Werbung für das teure Stück im »manager magazin«, in der »Wirtschaftswoche«, im Börsenteil der »Zeit« und wahlweise in einem Hochglanzmagazin über Autos, Golf oder Architektur platzieren.

Haie sind sowohl im beruflichen als auch im privaten Umfeld wahre Menschenmagneten. Trotz ihrer Respekt einflößenden Persönlichkeit und einer nicht unbedingt warmherzigen Art sind sie oft von vielen Menschen umgeben, auf die sie eine gewisse Faszination ausüben. Ist es dir auch schon mal passiert, dass jemand, der dich vollkommen zu ignorieren scheint, durch seine selbstsichere Art dein Interesse weckt und du mit allen Mitteln versuchst, seine Aufmerksamkeit zu bekommen? Dieser faszinierende Typ ist mit ziemlicher Sicherheit ein Hai.

Haie geben unserer Gesellschaft Orientierung, strahlen eine natürliche Autorität aus und treffen in allen möglichen Situationen irgendwann einfach eine Entscheidung, wenn sie das Gefühl haben, dass es sonst ohnehin keiner tut. Und das ist wirklich wichtig. Sonst würden wir vermutlich noch immer als Einzeller in der Ursuppe umherschwimmen und evaluieren, ob so eine zweite Zelle mehr Vor-

oder Nachteile mit sich bringen würde. Der Hai entscheidet, zieht es durch und lebt mit der Konsequenz.

Viele Menschentypen sind da ganz anders gepolt; sie verlieren sich vor einer Entscheidung so in ihren Möglichkeiten, dass sie irgendwann vergessen, was die eigentliche Fragestellung war. Da wirkt die Entscheidungsstärke des Hais auf andere natürlich äußerst anziehend.

Weniger anziehend auf den Hai wiederum wirkt die Vorstellung eines Urlaubs auf dem Campingplatz. Dort wirst du einen Hai eher nicht antreffen – es sei denn, er ist Hannes' Vater. Ihr erinnert euch doch noch an Hannes, dessen Fahrradschlauch der fürsorgliche Walpapa repariert hat, bevor er den Campingplatz mit Grillwürstchen versorgte? Hannes' Vater ist Hai und ihm gehört der Laden. Nur deshalb schaut er ab und an mal vorbei.

Natürlich gibt es auch für den Hai ideale Ferienorte: Sankt Moritz, die Malediven, Saint Barth, die Hamptons. Eigentlich findet man ihn überall da, wo es teuer und ausgesucht edel ist, und natürlich da, wo sich viele andere Haie tummeln.

Denn wir wissen ja: Menschen mögen Menschen, die ihnen ähnlich sind. Und Gelegenheiten, diese zu treffen, gibt es viele: Bei der Lomi-Lomi-Massage mit Alpakamilch aus den Bergtälern Perus, im Luxusresort auf Bali oder beim Glamping im Schneeiglu zum Nordlichter-Gucken. Diese Locations und Ferienorte wissen ganz genau, was Haie brauchen, um sich wohlzufühlen, und meistens spielt der Preis dabei keine Rolle. Wer viel verdient, muss viel ausgeben, und das gilt auch in Sachen Garderobe. Während Wale gerne unauffällig und farblich dezent gekleidet sind, findet man den Hai in den Markenboutiquen dieser Welt. Je nach Haiart darf dann auch mal ein unübersehbar großes Label das edle Gewand schmücken, oder aber er bevorzugt es dezent maßgeschneidert und hochpreisig. Dabei muss Kleidung nicht praktisch sein – teuer reicht aus, und über Geschmack lässt sich bekanntlich nicht streiten.

Sein Äußeres ist für den Hai immer ein gutes Gesprächsthema, denn darauf verwendet er nicht wenig seiner kostbaren Zeit. Und ganz ehrlich: Wer freut sich nicht über ein Kompliment? Ein wenig eitel sind wir doch alle und der Hai eben im Besonderen. Erwarte bitte nicht, dass der Hai dein Kompliment mit einem:»Ach, das war gerade im Angebot« abtut. Das würde nur ein Wal sagen.

Wenn du den Hai auf einer Party auf seine schicken Schuhe ansprichst, wird er sagen:»Amazonasfrosch, mein Freund. Von schwedischen Jungfrauen bei Vollmond und keltischen Gesängen vorgekautes Leder.« Weißte Bescheid. Wenn du jetzt punkten willst, weil der Hai dein neuer Vorgesetzter ist (oder du möchtest, dass er dich mit dem Chef der Umzugsfirma bekannt macht), kommst du ihm besser nicht mit der aussterbenden Population der Amazonasfrösche. Denn alle vier Menschentypen haben eines gemein:

Sie wollen Aufmerksamkeit und Anerkennung.

Nun ist das nicht bei allen Menschentypen so offensichtlich wie beim Wal, der sich eine Menge Aufmerksamkeit und Anerkennung alleine dadurch verdient, dass er für andere da ist. Der Hai muss in seinem Leben irgendetwas richtig gemacht haben, dass er sich mit all dem Luxus umgeben kann, den er auch gerne ganz entspannt raushängen lässt, oder? Ein lässig anerkennendes »Wow, aus der neuesten Kollektion?« und du hast seine Aufmerksamkeit. Gar nicht so schwer.

Haie erkennt man treffsicher daran, dass sie immer und ausschließlich direkt vor der Tür parken. Wenn da kein Parkplatz ist, erfinden sie einen. Wegezeit ist Geld und außerdem verträgt Amazonasfroschleder Wind und Wetter nicht so gut. Noch ein Beispiel gefällig? Ich war vor einigen Jahren Keynote Speaker auf der Veranstaltung eines großen deutschen Versicherungskonzerns. Da kommt ein Typ einenhalb Stunden zu spät – das musst du dich erst einmal trauen. Er fährt also mit dem Auto fast in den Raum rein, den Lichtkegel auf die Bühne gerichtet, parkt direkt vorm Saal, kommt rein, knallt die Tür zu und setzt sich.

All eyes on me, bitches, sonst taugt der Auftritt ja nichts. Haie kommen nicht einfach in den Raum – sie treten auf. Und diesen Auftritt musst du als Keynote Speaker mitten in der Präsentation erst mal wieder einfangen. Also sage ich zu ihm: »Darf ich dir eine Frage stellen?« Sagt er: »Eine darfst du.« Sag ich: »Wie alt bist du?« – »21, sonst noch ne Frage?« »Eine hätte ich noch«, sage ich, ernsthaft verblüfft. »Wie fährt man mit 21 einen 500er-Mercedes?« Sagt er: »Weil es keinen 600er gibt, du Vogel.«

War das unverschämt? Natürlich. Aber wir erziehen erwachsene Menschen nicht, wir versuchen einen Weg zu finden, mit solchen Situationen umzugehen, ohne dass wir dabei in Gefahr geraten und gebissen werden. Und was wir niemals vergessen sollten: Jedes Tier hat auch seine guten Seiten, von denen wir profitieren können. Das setzt aber voraus, dass wir die Herausforderung annehmen und verstehen, dass sie Teil des Ganzen sind.

Mit einem Hai musst du also eine andere Sprache sprechen – sonst hört er dir nicht zu. Sprichst du Walisch mit ihm – »Könntest du …«, »Wäre es möglich …«, »Glaubst du, es würde Umstände machen …« , dann ist der Hai weg, bevor du die Frage zu Ende gestellt hast, und mit ihm deine Chance, einen echten Macher für dich zu gewinnen.

Bevor wir zum nächsten Menschentypen kommen, nimm dir ein paar Minuten Zeit und notiere einige Namen aus deinem Umfeld, die dir direkt einfallen, wenn du an den Menschentyp Hai denkst.

Der Delfin

Hast du schon einmal versucht, mit nur einer Hirnhälfte zu schlafen, während die andere wach bleibt?

Versuch das doch gleich heute Nacht. Du machst das eine Auge zu und lässt das andere offen. Während die eine Hirnhälfte pennt, machst du mit der anderen deine Steuererklärung. Delfine können das! Also nicht das mit der Steuererklärung, aber Delfine schlafen immer nur mit einer Gehirnhälfte. Das ist schon ziemlich genial, oder? Somit verpasst der Delfin nichts. Im Meer geht es wohl eher darum, den nächsten Angreifer nicht zu verpassen. Delfine auf zwei Beinen sind allerdings ähnlich rastlos und ich bin mir nicht ganz sicher, ob hauptberufliche Delfine das Schlafen mit nur einer Hirnhälfte nicht auch längst für sich entdeckt haben, damit ihnen keinesfalls der nächste Konfettiregen durch die Lappen geht, apropos:

Wieso liegt hier eigentlich so viel Konfetti rum?

Das ist ganz schnell erklärt: Wenn Wale auf die Welt gekommen sind, um anderen Menschen zu helfen, und Haie in erster Linie daran interessiert sind, sich andere Menschen zunutze zu machen, stellt sich der Delfin von morgens bis abends nur eine einzige Frage, und die lautet:

»Wo ist die nächste Party, Freunde?«

Delfine haben das Konfetti erfunden. Und den Glitzer. Und die Luft-ballons, Vergnügungsparks, Malle und vieles andere, was blinkt, nicht immer Sinn ergibt, aber immer Spaß macht. Delfine wissen gar nicht, wie man im Leben keinen Spaß haben kann. Wenn du einen Delfin fragst, wann und wo die nächste Party stattfindet, versteht er deine Frage nicht – denn das Leben ist für ihn eine einzige Party. Deshalb erkennst du einen Delfin beim Erstkontakt schon daran, wie sein Handy klingelt. Es klingelt nicht nur – es simuliert einen Raketenstart: Es blinkt und vibriert und summt dabei: »Da simmer dabei, dat is priiima ...«!

Wenn du diese Textzeile gerade fertig gesungen hast, weiß ich schon jetzt, dass in deinem Persönlichkeitsprofil keinesfalls null Prozent Delfin stehen. Meistens steckt das besagte Delfinhandy übrigens in einer bunten Hülle, die oft mega-unpraktisch ist, weil sie riesige Hasenohren hat oder ein regenbogenfarbiges Einhorn absteht – aber egal, weil geil.

Wenn Delfine auf einer Party sind, findest du sie in aller Regel auf der Tanzfläche, hinterm DJ-Pult oder als Moderator auf der Bühne. Fällt die Party etwas kleiner aus, ist der Delfin im Zweifelsfall der-jenige, der die Gesellschaft unterhält. Er hat immer eine passende Geschichte auf Lager und ist der einzige Typ Mensch, der sich Witze nicht nur merken, sondern sie auch noch so weitererzählen kann, dass sich alle vor Lachen den Bauch halten.

Delfine sind selbstironisch und nehmen sich und die Welt einfach nicht so ernst. Wir kommen alle nicht lebend raus aus diesem Theater, warum also nicht ein bisschen Spaß dabei haben! Und Spaß hat man bekanntlich am meisten gemeinsam mit anderen.

Wie in der Natur sind auch die menschlichen Vertreter dieser Gattung gerne unter Gleichgesinnten und lieben es zu spielen. Im Wasser führen Delfine akrobatische Kunststücke auf und haben nur so zum Spaß Sex und das gerne mit wechselnden Partnern. Warum auch nicht, die Auswahl ist ja riesig.

Delfine sind immer umringt von einer Menge Menschen und fühlen sich dabei – Vorsicht, Wortwitz – wie ein Fisch im Wasser. Je mehr Menschen, desto mehr sind sie in ihrem Element. Und je verrückter die Zeitgenossen um ihn herum sind, desto wohler fühlt sich der Delfin. Konventionen und Regeln schränken ihn ein – er findet sie schlichtweg nicht sinnvoll und vergisst sie deshalb gerne. Das ist in den meisten Fällen auch gar nicht böse gemeint. Ich gebe dir ein Beispiel:

Wenn du eine »All in White«-Party gibst, die du Monate zuvor mit großem Motto-Tamtam angekündigt hast, wie kommt dann wohl der Delfin zur Party? In einem roten Palllettenfummel, mit irgendwas Blinkendem im Mund und einer neonfarbenen Federboa um den Hals!

Für deinen bevorstehenden Umzug solltest du also unbedingt mindestens einen Delfin für die Helfercrew akquirieren. Dann kannst du sicher sein, dass die Stimmung passt, gute Musik dabei ist und der Einzug auch nach stundenlangem Möbelschleppen noch gebührend gefeiert wird. Plane vorsichtshalber drei Delfine ein – ein bisschen Schwund ist immer. Du solltest nicht allzu fest damit rechnen, dass der Delfin am Umzugstag wirklich zur Stelle ist. Vielleicht hat er den Termin vergessen, verschlafen, liegt verkatert auf dem Sofa oder war schlichtweg der Meinung, du würdest erst nächsten Monat umziehen. Möglichkeiten gibt's da viele. Vielleicht ist ihm auch einfach ein Termin mit mehr Konfetti dazwischengekommen. Mit der Verlässlichkeit nimmt es der hauptberufliche Delfin nicht ganz so genau. Für Delfinfreunde brauchst du deshalb Ausdauer und Geduld.

Party ohne Arbeit ist jederzeit genehmigt. Arbeit ohne Party danach ist im Delfinorbit eher keine Option. Sollte er dennoch beim Umzug auftauchen, kommt er vermutlich erst, wenn die Kisten schon in der neuen Wohnung stehen. Und dann möchte ich an dieser Stelle eine ernst gemeinte Warnung aussprechen: Lass ihn nicht das Regal aus dem schwedischen Möbelhaus aufbauen. Diese Aufgabe erledigen Delfine gerne nach dem Motto: »Anleitung? Da war 'ne Anleitung? Ich hab hier jetzt was übrig – aber hält doch!«

Wenn es nicht gerade um den soliden Aufbau eines Regals geht, kannst du dir in vielen Lebensbereichen von Delfinen eine ganze Menge abschauen – sie wissen genau, wie man mit minimalem Input das Maximum für sich herausholen kann. Sie sind die perfekten Improvisationskünstler; das haben sie nicht zuletzt ihrem Talent zum Entertainer und Geschichtenerzähler zu verdanken. Montage finden Delfine so toll wie kein anderer Menschentyp – denn dann ist das Wochenende vorbei und sie können endlich von all den tollen Erlebnissen der letzten zwei Tage erzählen. Wenn du einem Delfin zuhörst, was übrigens niemals langweilig wird, fragst du dich sicherlich manchmal, wie er es schafft, an einem Wochenende so viel zu erleben, wie du in einem Monat nicht zu erzählen hast. Nun ja, vielleicht übertreibt der Delfin manchmal ein kleines bisschen. Aber er sieht das so: Wenn ein wenig Optimierung des Erlebten der Unterhaltung dienlich ist, weil der eigentliche Show Act gerade im Stau steckt, ist es ja für die gute Sache gelogen. Der Zweck heiligt die Mittel.

Und wo ereignen sich bekanntlich die besten Geschichten? Im Urlaub. Während der Wal am Plattensee in seinem Campingbus Dips zubereitet und der Hai im Luxusresort den Blick aus seinem eigenen Infinity Pool genießt, wohin glaubst du, fährt der Delfin in den Urlaub? Ich sag's dir: Lloret de Mar, Busreise, 99 Euro, zwei Wochen all inclusive.

Da wird morgens kurz vor der Abfahrt schnell der Rucksack gepackt – Flip-Flops, Badehose, zwei Shirts und dazu ein Kasten Bier.

Läuft. Der gesamte Bus ist zu Micki Krauses »Zehn nackte Friseusen« am Ortsausgangsschild von Frankfurt total durch. Während der Reise werden dann noch alle Substanzen, die der liebe Gott verboten hat, eingeworfen. Und Hauptsache, es ist genug Red Bull dabei. Schlafen? Wozu? Kann ich, wenn ich tot bin, denkt der Delfin.

Wenn die Partytruppe zwei Wochen später wieder in Frankfurt aus dem Bus fällt und gefragt wird, wo sie war, sagen die Delfine: Keine Ahnung, war aber geil! Und da du jetzt schon tierisch im Loop bist: Fahren Wale mit auf eine solche Busreise? Nein, der Wal fährt den Bus! Sind Haie dabei? Nein, dem Hai gehört die Busfirma!

Für Delfine gibt es auch passende Fernsehsendungen, um ihnen in den Werbepausen all die blinkenden Dinge zu verkaufen, die nur für sie erfunden wurden. Das Dschungelcamp oder früher Stefan Raabs Wok-WM. Da fuhren Menschen in einem Wok einen Eiskanal runter und hatten Spaß dabei. In einem Wok! Damit kocht man!

Und wo sind die Wale, während die Delfine sich den Hals brechen, oder zumindest ganz kurz davor sind? Wale stehen pflichtbewusst im Rot-Kreuz-T-Shirt an der Seite; und der Hai ist natürlich auch mit von der Partie – er ist Sponsor von irgendetwas Blinkendem und hängt Werbebanner auf. Alles gar nicht so schwierig.

Der Delfin ist der geborene Überlebenskünstler, dem in jeder noch so verzwickten Lage unter Garantie eine Lösung einfällt. Manchmal passt diese zwar nicht unbedingt zum Problem, aber irgendwas ist ja immer. Jedenfalls hat ein Delfin stets genügend Glitzer und Konfetti dabei. Damit sieht die Welt in jedem Fall schon ein bisschen besser aus.

Delfine übertreiben es gerne mit ihrem Look und Delfindamen sind oft mit so viel buntem Make-up bemalt, dass ein zufällig über ihr Gesicht laufendes Chamäleon mit Herzrhythmusstörungen in eine Klinik eingewiesen werden muss. Wo kommt jetzt noch gleich dieses exotische Tier her? »Also, das war so …«, lächelt die Delfindame und holt zur nächsten Geschichte aus.

Gibt es Menschen in deinem Leben, die über jedes Problem erst einmal ein paar Kilo Glitzer streuen? Schreib ihre Namen auf.

Die Eule

»Warum ist das denn ein Fliegtier und kein Schwimmtier?« Wer von euch fragt sich das gerade? Ich kann auch ohne Glaskugel hören, dass sich viele jetzt genau diese Frage stellen. Und weißt du, was das ist? Das ist eine Eulenfrage! Denn bei der Eule ist gerade das Muster im Kopf kaputt gegangen. Und dem muss sie sofort nachgehen.

Eulen brauchen Muster und wir brauchen Eulen, damit wir verstehen, warum Konfetti grundsätzlich nach unten fällt, obwohl wir es nach oben werfen – und auch, weil sich nicht jedes Problem lösen lässt, wenn man nur genügend Konfetti darüberstreut.

Wenngleich das einzige Konfetti im Leben einer hauptberuflichen Eule die Papierschnipsel in ihrem Locher sein dürften. Und die werden nicht geworfen, sondern entsorgt. In der Papiertonne, wenn es windstill ist. Oder wenn nur eine leichte Brise aus Nordwest weht und die Papiertonne günstig im Windschatten steht. Ich bin mir sogar fast sicher, dass die Eule weiß, wie viele runde Papierkreise in ihrem Locher sind. Das überschlägt sie fix im Kopf – 2 Stück pro gelochtem Blatt, 130 Blätter in der Woche, macht 260 Konfettischnipsel, in Wochen mit Feiertag 52 weniger. So etwas weiß die Eule, während der Delfin schon bei weißem Konfetti gedanklich ausgestiegen ist. Außerdem sind Schnipsel aus dem Locher für Delfine pures Amateurkonfetti.

Wem von euch ist schon aufgefallen, dass Delfine und Eulen ziemlich unterschiedliche Menschentypen sind? Während der Delfin bunte Luftschlösser baut, prüft die Eule die Statik, bevor sie befindet: Luft ist als Baustoff ungeeignet und Konfetti gefährdet den Regenwald.

Eulen sind Pragmatiker, Problemlöser und Denker. Würde es die Realität nicht schon geben, Eulen müssten sie erfinden. Haben sie auch vermutlich. Danke dafür. Eulen in der Natur haben einen 360-Grad-Blick und gute Augen und fokussieren lange, bis sie mit der Jagd beginnen. Bei den menschlichen Vertretern ist das ähnlich. Erst einmal alle Umstände abwägen, dann in Ruhe überlegen – in aller Ruhe.

Eulen mit einer einzigen Frage zu beschreiben, die sie sich den ganzen Tag über stellen, ist schlichtweg unmöglich. Eine Eule tut den lieben langen Tag kaum etwas anderes, als Fragen zu stellen. So muss der Schweizer Käse entstanden sein. Irgendwann hat man wohl versehentlich eine Eule in der Käserei eingeschlossen und die hat dem Emmentaler dann Löcher in den Bauch gefragt. So entsteht Neues. Kurzum:

Eulen sind auf die Welt gekommen, um sie uns zu erklären.

Für die Eule ist nichts einfach so, weil es eben so ist. Eulen brauchen valide Informationen, um den Sachverhalt zu prüfen. Wenn du einer Eule mit Liebeskummer über den Kopf streichst und sagst: »Ach, weißt du, andere Mütter haben auch schöne Kinder«, dann hast du besser Namen, Fotos und Adressen dieser »Kinder« dabei. Abgeheftet in alphabetischer Reihenfolge.

Wenn du auf der erwähnten Party nach einer Eule suchst, dann findest du sie mit ziemlicher Sicherheit in der Küche oder irgendwo abseits, vertieft in ein Gespräch. Small Talk ist so rein gar nichts für Eulen. Was nicht bedeutet, dass du mit Eulen keine Gespräche übers Wetter führen könntest – danach kennst du sämtliche Faktoren der Klimaerwärmung und weißt vor allem, weshalb uns die nächste Eiszeit bevorsteht und wie du sie am wahrscheinlichsten überlebst. Das ist die logische Schlussfolgerung einer Unterhaltung übers Wetter. Eulen erklären nun mal gerne Sachverhalte, ohne dass du danach gefragt hast – ziemlich anstrengend, aber durchaus informativ.

Wenn du nun eine Eule für dein Umzugsprojekt gewinnst, kannst du sicher sein, dass dir schon morgen ein tabellarischer Zeitplan zugemailt wird, inklusive eines Notfallplans und eines Plan B für den Fall, dass der Notfallplan nicht funktionieren sollte. In wie viel Prozent der Fälle dies eintrifft, rechnet dir die Eule bei Interesse gerne fix aus. Mal ehrlich, wen interessiert das nicht?

Auf Nummer sicher gehst du, wenn du deinen bisherigen Plan einfach komplett über den Haufen wirfst, der Eule alle relevanten Fakten nennst und ihr die Nummern des Umzugsunternehmens, deines bisherigen Vermieters, deines neuen Vermieters und der Umzugshelfer gibst. Dann könntest du für den Tag eigentlich getrost ein Wellnessprogramm buchen. Denn am Abend ist alles unbeschadet an Ort und Stelle im neuen Zuhause, der Strom ist umgemeldet samt Gas, Wasser und Internet und bei den neuen Nachbarn liegt ein kleines Einstandsgeschenk vor der Haustür. Perfekt, oder?

Nun ja, ganz so selbstlos wie der Wal wird sich die Eule wohl nicht für dein Projekt einsetzen. Eulen musst du ein Gefühl der Verbindlichkeit und Gegenseitigkeit geben. Auch du musst für sie da sein, wenn sie dich einmal brauchen. Eulen vergessen nicht; ich kann dir nur empfehlen, ihnen den gewünschten Gefallen zu tun. Sonst fliegen sie, lautlos, wie man es von echten Eulen kennt, aus deinem Leben und du wirst ihnen vielleicht nur ratlos nachsehen können.

Wenn du eine Eule in deinem Leben brauchst, solltest du einen Bildungsurlaub machen. Da sitzen Eulen, soweit das Auge reicht. Studiosus verdient sich eine goldene Nase mit Eulen! Da kann man Reisen mit minutiösem Zeitplan und tollen To-do-Listen zum Abhaken buchen! Während einem Delfin bei dieser Art von Urlaub Spannung, Spiel und Überraschung fehlen, entspannt sich die hauptberufliche Eule auf solchen Reisen ganz ungemein. Warum? Weil Anbieter von Bildungsreisen ihre Eulenkundschaft ganz genau kennen. Sie wissen, dass ihre Kunden die perfekte Planung ohne Abweichung lieben, und diese wird ihnen jetzt abgenommen.

So macht man Eulen glücklich! Was selbstverständlich nicht aus-
schließt, dass die Eule die Reiseroute noch einmal nachrechnet –
kann ja sein, dass im Büro des Reiseveranstalters ein Delfin sitzt.
Vertrauen ist gut, Kontrolle ist besser. Auch so ein Leitsatz von Eulen.

Eulen sind sehr heimatverbunden, packen gerne ihren Volvo Kombi
bis obenhin voll und schon geht's mit der ganzen Familie nach Rügen. Und wann wird das Auto gepackt? Genau: am Vorabend. Mit
einem Packplan. Den hat die Eule mithilfe einer Exceltabelle und
einer Packskizze schon zwei Monate vorher erstellt, auf der Basis des
Vorjahrsmodells, der aber noch einmal perfektioniert wurde.

Eulen haben für ihren Urlaub auf Rügen natürlich alles dabei. Man
weiß ja nie! Eulen könnten einen atomaren Anschlag überleben und
den Zika-Virus an der Ostsee – gar kein Problem. Vor allem dann
nicht, wenn sie mit einem Wal verheiratet sind. Wale und Eulen sind
ein Dreamteam. Da kann Armageddon kommen und sie retten mit
ihrem Kombi die Menschheit.

Ist die Eule allerdings aus unerfindlichen Gründen oder aus Liebe
mit einem Delfin verheiratet und hat ihm das Packen nach Plan
überlassen, wird das ähnlich laufen wie bei dem Regal aus dem
schwedischen Möbelhaus: Abgehakt ist nichts, aber das Auto ist

voll – passt schon. Was fehlt, wird nachgekauft: zu Apothekenpreisen im Touri-Domizil. Unnötig zu erwähnen, dass die Eule spätestens jetzt kurz vorm Infarkt steht und die Harmonie im Eimer ist. Der Familienurlaub kann losgehen!

Der Vorabend Check-in am Flughafen wurde übrigens auch für Eulen erfunden, dann fühlen sie sich sicher und fahren eben zweimal zum Flughafen. Hauptsache, der Koffer ist sicher verladen. Delfine kommen zu spät oder gar nicht zum Flieger, Wale sind pünktlich und Haie kreuzen etwa 30 Minuten vor Abflug auf:»Ich habe eine Goldkarte, lassen Sie mich durch.«

Werbung für Eulenprodukte schaltest du am besten in einschlägigen Fachmagazinen oder zwischen Dokumentationen auf »Arte«. Eulen lieben Dokus und während der Hai gerne in Luxusmagazinen blättert, haben Eulen das Magazin zu ihrem Lieblingssender abonniert: »National Geographic«.

Als Eulenmanager in der Marketingabteilung eines großen Outdoorladens weißt du das natürlich. Deshalb schulst du deine Mitarbeiter auch regelmäßig im persönlichen Kundenkontakt. Was glaubst du, weiß die Eule über das Produkt, das sie kaufen möchte? Alles! Alles und noch viel mehr, weil sie schon Wochen vorher im Internet und diversen Bibliotheken und Archiven alle existierenden Studien dazu akribisch durchgearbeitet hat. Vielleicht hat sie sogar eine kleine PowerPoint-Präsentation dazu vorbereitet, aus der der Verkäufer noch etwas lernen kann. Ich würde es jedenfalls nicht ausschließen.

Apropos Outdoorladen – hier kommt eine Warnung: Es gibt Kleidung, die darfst du nur dann tragen, wenn in deinem Persönlichkeitsprofil 100 Prozent Eule steht, Delfin null, Hai nada, Wal niente. Nur dann darfst du offiziell in Funktionsklamotten herumlaufen. Kennst du diese Hosen mit Zipper am Knie, bei denen man das untere Hosenbein abnehmen kann? Das sieht furchtbar aus, ist aber so schön praktisch. Aber auch das Praktische hat seine Grenzen. Die sind bei Eulen allerdings fließend.

Eulen denken gerne vor und nach und eigentlich auch zwischendurch. Sie stellen Fragen, die sie am liebsten selbst im nächsten Satz beantworten, und sind in den seltensten Fällen einfach mal mit dem Status quo zufrieden. Erkennst du jemanden wieder? Wer sind die Eulen in deinem Leben?

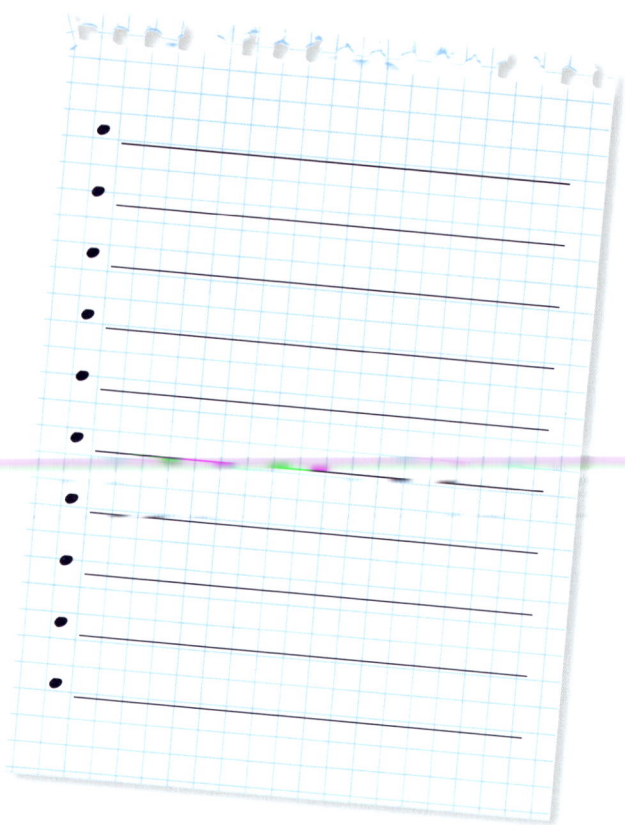

Gebrauchsanweisung für Wale

»Giving is the new having«

+ zurückhaltend, entspannt, geduldig, beständig,
zufrieden, ausgleichend, ruhig, teilt gerne, emotional
— melancholisch, phlegmatisch, konfliktscheu,
selbstvergessen

Der Wal in seinen Businessbeziehungen

Mediator, harmoniesüchtig, Teamplayer, loyal, ausdauernd,
Leaderqualitäten

Als Kollege ist der Wal ein absoluter Gewinn. Und das nicht nur, weil er das Büro stets mit selbstgebackenem Kuchen versorgt und dem Hai einen Kaffee reicht, noch bevor er einen guten Morgen wünschen kann. Nein, er weiß intuitiv und das seit Jahren: Dieser Kaffee ist unser aller Lebensversicherung.

Dank seiner ausgeprägten Empathie ist der Wal ein wertvoller Team-player. Er mag Schwächen in Sachen Konfliktfähigkeit haben, aber er hat auch ein unschlagbares Gespür dafür, welchen Kollegen er Raum geben muss, wer die Bühne braucht, wen ein anerkennend-ehrliches Lob zu Höchstleistungen anspornt und wem er lieber die Aufgabe gibt, im Hintergrund die Fäden zu ziehen.

Macht bitte niemals den Fehler zu glauben, dass Wale nur in sozia-len Berufen gut aufgehoben sind oder im Vorzimmer des Chefs. Der Wal mag nicht der geborene Leader sein, aber unter der richtigen Anleitung und mit einem guten Coaching kann er ein wertvoller Mitarbeiter in Chefetagen werden. Er hat feine Antennen für die Bedürfnisse der Kollegen und erspürt wie kein anderer, weshalb ein Team gerade unproduktiv ist und was es braucht, um die Produkti-vität wiederherzustellen. Bei aller Genügsamkeit, die man dem Wal zuspricht, sind seine Qualitäten nicht zu unterschätzen. Und sein Kuchen natürlich auch nicht.

Der Wal freut sich immer über ein ehrliches Lob für seine Leis-tungen, aber fast noch mehr, wenn du ihm Zeit und deine volle Aufmerksamkeit widmest. Zeit ist für Wale etwas sehr Kostbares. Vielleicht fragst du ihn mal bei einer Tasse Kaffee, wie es ihm geht – das fragt man Wale viel zu selten. Er wird erst mal irritiert versuchen, das Gespräch aufs Wetter zu lenken. Aber du weißt ja jetzt, warum er das tut, und fragst einfach noch mal nach.

Vielleicht nimmst du dir auch die Zeit, ihm einen sorgsam ausge-suchten Blumenstrauß zu schenken oder ihm eine liebevoll hand-geschriebene Karte statt einer Mail zu schicken. Wale werden diese Gesten erst einmal abtun und sich ganz verschämt bedanken. Viel-leicht hast du sogar den Eindruck, es sei ihnen nicht wichtig oder sogar unangenehm. In Wahrheit ist der Wal oft viel zu bescheiden in seiner Selbstwahrnehmung, als dass er sich auch einmal selbst anerkennend auf die Schulter klopfen würde. Insgeheim feiert sein großes Walherz allerdings eine Riesenparty.

Der Wal in seinen privaten Beziehungen

Freund
viele Freunde, guter Zuhörer, kümmert sich, mag Gesellschaft

Partner
konfliktscheu, umgänglich, gibt gerne und viel, manchmal
zu viel

Kind
schüchtern, zurückhaltend, träumt sich in eigene Welten,
teilt gerne, tolles Geschwisterkind

Eltern
nimmt sich Zeit, ist geduldig, kümmert sich, fährt zu
100 Aktivitäten, ist Elternbeirat

Der Menschentyp Wal fühlt sich in der Gemeinschaft am wohlsten
und hat in der Regel einen großen Freundeskreis. Er ist derjenige, der
zu Spieleabenden einlädt, die Tupperparty organisiert und zum Glüh-
weintrinken auf dem Weihnachtsmarkt eine WhatsApp-Gruppe mit
55 Kontakten aufruft. Er hat immer Angst, jemanden auszuschließen
oder zu vergessen.

Dabei tanzt er nicht gerne aus der Reihe, steht ungern im Mittelpunkt
und ist ein guter Zuhörer. Wenn du einen Wal zum Freund hast, hört
er sich nicht nur deine Probleme an, er sucht auch mit dir gemeinsam nach einer Lösung. Ab jetzt ist es nicht mehr nur dein Problem,
es ist euer Problem.

Wale sind eher unaufdringliche und sehr anpassungsfähige Mitmenschen. Sie stellen ihre eigenen Interessen gerne zurück, damit wieder
Harmonie herrscht und andere Menschen glücklich und zufrieden
sind.

Als Vegetarier wird dein Walpartner beispielsweise jederzeit mit dir in ein Steakhaus gehen. Natürlich weiß er, dass es dort nur Fleisch in allen möglichen Variationen gibt, bei dessen Gargrad man mitunter Angst haben muss, dass das Essen muhend vom Teller hüpft und wir ihm hinterherlaufen müssen. Weiß der Wal alles. Findet er als aktiver Tierschützer auch nur bedingt angenehm. Natürlich weiß er auch, dass er den gebratenen Tofu auf Couscous-Beet vergeblich auf der Karte suchen wird, und selbstredend wäre ihm der neue Veganer an der Ecke lieber gewesen. Aber es ist dein Geburtstag und ihm genügt es völlig, deine leuchtenden Augen zu sehen, wenn dein Beef Filet, perfekt medium rare gebraten, vor dir auf dem Teller liegt. Er wird einfach vorgeben, ohnehin keinen Hunger zu haben, und begeistert an der Salatblattdeko knabbern.

Jede Familie braucht einen Wal – schau dich also noch heute zu Hause um und wenn du keinen entdeckst, dann müsst ihr unbedingt ein Exemplar adoptieren. Diese Option ist quasi alternativlos. Einfach mal Campingurlaub in der Rhön machen. Da sind sie. Viele davon. Und mitunter sehr adoptionswillig.

Warum der Wal in deinem Leben alternativlos ist, möchte ich dir gerne erklären: Wale sind, in besonderem Maße innerhalb der Familie, konfliktscheue und daher ungemein ausgleichende Persönlichkeiten. Sie schaffen es auf geniale Weise, drei Tage Weihnachten mit der buckligen Verwandtschaft ohne größere Schäden an Leib, Leben, Familienfrieden und dem teuren Goldrandservice über die Bühne zu bringen. Das alleine grenzt im Falle mancher Familien schon an ein Wunder.

Weihnachten ist ohnehin eine großartige Gelegenheit, um all den tierischen Charakterzügen innerhalb der eigenen Familie auf den Grund zu gehen. Was du selbst zur Besinnlichkeit beitragen kannst? Du solltest auf jeden Fall das richtige Geschenk für jeden unter den Tannenbaum legen.

Du strickst gerne Schals am Kaminfeuer und bist dir nicht sicher, ob sich jedes Tier gleichermaßen darüber freuen wird? Natürlich! Wer friert denn schon gerne? Allerdings wäre ein wenig Fine-Tuning hilfreich:

Während sich der Wal ganz bestimmt über einen mit viel Liebe selbst gestrickten Schal freuen wird, wird es dem Hai vermutlich herzlich egal sein, wie viel Liebe darin steckt, solange ihn Karl Lagerfeld selig nicht höchstpersönlich geklöppelt hat. Für den Hai brauchst du hochwertige Kaschmirwolle, eine edle Verpackung dazu und schon ist der Rahmen mal wieder wichtiger als der Inhalt.

Für die Eule strickst du den Schal mit nepalesischer Hochland-Lamawolle, die extra atmungsaktiv ist. Wichtig: Nicht die Wolle vom Discounter kaufen und sich die Geschichte dazu einfach ausdenken. Die muss stimmen und kann bestenfalls mit diversen Studien belegt werden. Kopiere den Link dazu einfach gleich in die Weihnachtskarte. Die Eule wird es ohnehin googeln.

Dem Delfin wiederum könnte die Herkunft der Wolle egaler nicht sein. Das hast du dir natürlich schon gedacht und deshalb ein Knäuel besorgt, das in Neonfarben glitzernd fluoresziert. Dem fertigen Schal steckst du noch einen blinkenden Schneemann an, der »Last Christmas« trällert, und Weihnachten ist gerettet. Na, zumindest die Bescherung: Vier Mal Schal, vier Mal glücklich, vier Mal ein bisschen genial mitgedacht. Eigentlich gar nicht so schwer, oder?

Aber mal ernsthaft: Wale geben jeder Beziehung und insbesondere einer Familie nicht nur Beständigkeit – sie sind auch die perfekten Mediatoren, weil sie gelernt haben, ihre eigenen Interessen auszublenden und sich selbst zurückzunehmen. Ihre größte Stärke ist somit auch ihr empfindsamster Punkt. Da sie sehr gute Beobachter sind, haben sie ein feines Gespür für Dynamiken innerhalb der Familie und steuern oft unbemerkt einen drohenden Familienstreit in ruhigere Gewässer – Wale schwimmen einfach nicht gerne gegen den Strom. Das stört ihr Bedürfnis nach Harmonie und Beständigkeit.

Doch obwohl Wale ziemlich dickhäutig sein können, laufen sie häufig Gefahr, sich selbst und ihre Bedürfnisse zum Wohle der anderen zu vergessen. Sie lassen sich selten etwas anmerken, aber auch ein Wal braucht Auszeiten, in denen er lernen muss, sich nicht nur um andere, sondern auch um sich selbst zu kümmern. Und ich sage bewusst, dass er das lernen muss. Wenn der hauptberufliche Wal plötzlich nichts mehr hat, um das er sich kümmern kann, kann ihm das schnell den Boden unter den Füßen wegziehen. Und dann wäre es gut, wenn er sich auf sich selbst beziehen könnte.

Wale ziehen Probleme geradezu an. Sie lauschen nur allzu gerne den Sorgen ihrer Mitmenschen und machen sie sich selbst zu eigen. Aber: Zu viele Probleme trüben das Gemüt und der Wal verfällt ins Grübeln. Wenn er sich nur um andere kümmert und nie gelernt hat, auch mal gut zu sich selbst zu sein, fühlt er sich irgendwann ausgelaugt, Kraft und Energie fehlen. Da er eine wichtige Stütze unserer Familien ist, wird uns das allen gleichermaßen um die Ohren fliegen.

Wale müssen manchmal liebevoll dazu gezwungen werden, sich Zeit für sich selbst zu nehmen. Und wie gelingt so eine Wal-Auszeit wohl am besten? Der Hai sucht die luxuriöse Location aus und bezahlt sie bestenfalls gleich, während der Delfin für die nötige Leichtigkeit und den Spaß direkt mitkommt, nachdem die Eule das Ganze vorab akribisch durchgeplant hat. Nur so eine Idee – aber wie immer gilt auch bei den Tieren: Teamwork makes the dream work.

Checkliste für dein persönliches Wachstum als Wal:
- Lass dich nicht ausnutzen.
- Baue Pausen ein; take some me-time!
- Suche dir ein Hobby, das nichts mit anderen zu tun hat.
- Mach das Licht an beim Sex.
- Versuche etwas Neues.
- Lerne nein zu sagen!

Du bist gut, so wie du bist, und musst dir nicht andauernd Gedanken darüber machen, was andere über dich denken oder von dir halten. Die Wahrheit ist: Die anderen denken gar nichts, denn sie sind mit sich selbst beschäftigt.

Gebrauchsanweisung für Haie

»Tough times don't last –
tough people do.«

+ willensstark, mutig, unabhängig, selbstständig, selbstbewusst, entschlossen
− unempathisch, herrisch, schaut auf andere herab, dominant

Der Hai in seinen Businessbeziehungen

zielstrebig, führend, behält den Überblick, delegiert gerne niedere Aufgaben, Workaholic, übernimmt Verantwortung

Die gute Nachricht ist: Der Lebensraum von hauptberuflichen Haien lässt sich gut eingrenzen. Dieser Menschentyp schwimmt zuverlässig in den Chefetagen großer und mittelständischer Unternehmen oder ist selbstständig. Haie findet man immer da, wo sie genug Raum haben, sonst beißen sie mitunter gefährlich zu. Für Haie muss alles um sie herum groß sein. Klein zu denken, fällt Haien nicht nur unglaublich schwer – es ist in ihrer DNA einfach nicht vorgesehen. Klein zu denken, das wäre für den Hai, als würde man ihn aus dem Atlantik entführen und zu den Goldfischen in Nachbars Gartenteich setzen.

Das macht für den Hai keinen Sinn – was soll er denn da? Mit den Goldfischen Cocktails trinken, bevor er sie zu Sushi verarbeitet?

Ich weiß wirklich nicht, mit wem ich bei diesem Anblick mehr Mitleid empfinde. Mein Appell an alle Leader da draußen: Setzt die Haie aus eurem Team niemals in Nachbars Gartenteich! Da verhungern sie irgendwann und gehen kläglich ein.

Haie im beruflichen Umfeld oder im Team sind eine echte Bereicherung, denn sie verfügen über eine faszinierende Gabe: Haie, die im Meer leben, können Blut in milliardenfacher Verdünnung wahrnehmen und so ihre Beute schon aus Entfernungen von über 100 Metern aufspüren. Sie taxieren blitzschnell und filtern aus, was funktioniert und was nicht.

Haie, die in unseren Chefetagen sitzen, haben den richtigen Riecher für etwas ganz anderes. Blut, in welcher Verdünnung auch immer, ist ihnen völlig egal. Aber was das Blut für den Meereshai, ist für den Hai auf zwei Beinen der Erfolg. Erfolgschancen wittern die Vertreter dieser Spezies sofort und spüren instinktiv jede Möglichkeit auf, um ihnen ein Stückchen näher zu kommen. Und wenn sie erst einmal etwas erbeutet haben, beißen sie sich fest und lassen nicht mehr los, komme was wolle. Denn es gehört ein für alle Mal ihnen – Punktum.

Jetzt könnte der Eindruck entstehen, dass Haie kein Herz haben. Ich bin ja kein Meeresbiologe, aber die Experten sind sich sicher – er hat eins. Stell dir nun vor, du könntest so einen Hai für deine ganz persönliche Herzensangelegenheit gewinnen, mit all dem Gespür, dem Biss und der Hingabe, die er mitbringt – was für eine geile Sache wäre das denn bitte?

Wenn sich in deinem beruflichen Umfeld noch kein Hai befindet, solltest du schleunigst einen entführen. Einfach mal ein Jahresbruttogehalt investieren und ein paar Wochen Urlaub auf Sylt machen. Ein Hai würde das jedenfalls tun.

Haie sind Macher und nicht selten latent cholerisch veranlagt. Obwohl sie von vielem zu viel haben, haben sie von einer Sache wenig bis gar nichts, und das ist Geduld. Sie lösen Probleme, treffen Entscheidungen, und das, auch ohne alle Eventualitäten mit einbezogen und bis ins kleinste Detail abgewogen zu haben. Das müssen sie auch nicht, denn sie haben, wie wir wissen, einen guten Riecher für Erfolgskonzepte. Liegt ein Hai damit doch einmal falsch, kommt das oft einem finanziellen Desaster gleich, denn er schreckt auch vor großen Summen nicht zurück.

Dass er dabei ein hohes Risiko und eine immense Verantwortung trägt, ist ihm durchaus bewusst – dafür ist nicht jeder geschaffen. Viele andere hätten schlaflose Nächte. Das kann einem Hai durchaus auch passieren. Aber er geht durch die Angst und tut es trotzdem. Einer muss es ja machen und da hält er sich für eine gute Wahl.

Haie setzen Standards, unter denen kann manch einer kerzengerade in 20 Zentimeter hohen Heels einfach durchlaufen. Step up or step out – dieses Prinzip haben Haie nicht nur erfunden, sondern in quasi alle Bereiche ihres Lebens fest implementiert, insbesondere im Berufsleben. Sie sind Workaholics und wenn sie sich einen Haufen Arbeit über die Weihnachtsfeiertage mit nach Hause nehmen, warum sollte es der Rest der Belegschaft nicht auch tun? Die Standards, die Haie für sich selbst setzen, gelten auch für andere – wer diese nicht erreicht, wird von Haien nicht nur belächelt, sondern direkt gefährlich gebissen.

Dabei ist der Umgang mit einem Hai in deinen Businessbeziehungen denkbar einfach: Wenn du schnörkellos mit ihm kommunizierst und hier und da mal einstreust, was für ein toller Typ er doch ist, bewegst du dich in ruhigen Gewässern. Zu Weihnachten ein finanzieller Bonus oder ein Gutschein des Herrenausstatters seiner Wahl und der Hai summt »Last Christmas«, während er die Bilanzen des vergangenen Jahres unterm Tannenbaum studiert.

Der Hai in seinen privaten Beziehungen

Freund
braucht wenige Freunde, ist der Macher bei Gruppenaktivitäten, liebt Unternehmungen mit individueller Note, hilft dir gerne, wenn er sich in dir sieht

Partner
konfliktscheu, herrisch, wenig gefühlsbetont

Kind
mit dem Kopf durch die Wand, beschäftigt sich gerne alleine, der Anführer einer Gruppe, dominiert andere Kinder

Eltern
hohe Erwartungen, organisiert das Familienleben, trifft Entscheidungen auch für andere

»Toleranz ist der Verdacht, der andere könnte recht haben«, sagte Kurt Tucholsky einmal. Ein Hai wird diesen Satz nicht verstehen, denn in erster Linie hat er recht. Und hat er es wider Erwarten einmal nicht, findet er die besten Argumente. um auf eloquente Art darzulegen, dass er es trotzdem hat. Fehlt ihm das rhetorische Geschick dazu, wird er es auch ohne Eloquenz zu verstehen geben: Sein Standpunkt ist der richtige. Punkt. Er wurde nur noch nicht bewiesen. Dass die Erde eine Scheibe ist, hat man schließlich auch lange genug für wahr gehalten – weshalb sollte dann sein Standpunkt angezweifelt werden, nur weil er noch nicht bewiesen wurde? So in der Größenordnung – und »Logik«.

Haie bringen ihre Gegenüber oft dazu, ihnen recht zu geben, auch wenn diese eigentlich anderer Meinung sind. Die Kosten-Nutzen-Rechnung des eigenen Energiehaushalts ist dabei eine verlässliche Größe, denn seine Interessen gegen einen Hai durchzusetzen gleicht einer Besteigung des Kilimandscharo, und zwar untrainiert und in Flip-Flops. Da bist du auf halbem Weg erledigt.

Den Hai erkennst du daran, dass er nicht diskutiert. Er hält ein Plädoyer für seinen Standpunkt und verlässt dann den Schauplatz. Das kann in Beziehungen extrem anstrengend sein und Freunde wie Familie gleichermaßen in den Wahnsinn treiben. Die Reaktion darauf ist nicht selten allgemeine Resignation – und im Endeffekt lässt man den Hai einfach gewähren.

Der Gedanke »Du hast recht und ich meine Ruhe« dürfte jedem Familienozean bekannt vorkommen, in dem ein Hai schwimmt. Und das muss nicht immer ein Elternteil sein. Auch Haikinder können ganze Familien dominieren. Da entscheidet dann schon mal der Dreijährige, welche Farbe der neue Familienkombi hat. Eltern, die ein Haikind zu Hause haben, wissen ganz genau, wovon ich spreche. Alle, die euch dafür belächeln, sollen erst einmal selbst so einen kleinen Satansbraten großziehen – ich jedenfalls ziehe den Hut vor euch.

Haie verbringen den Großteil ihrer Zeit mit Arbeit. Dort nehmen sie eine führende Rolle ein und müssen nur äußerst selten mit Widerworten rechnen. Zuhause führen sie sich ähnlich auf. Das Hai-Familienoberhaupt entscheidet, welches Auto gekauft wird, wohin es dieses Jahr in den Urlaub geht und welcher Tannenbaum der schönste ist.

Da kann die Familie neben der schönsten aller Nordmanntannen auf dem Platz stehen: Wenn sich der Hai weiter vorne schon für einen Baum entschieden hat, wird der gekauft. Keine Diskussion. Und wenn sich zu Hause herausstellt, dass er die hässlichste Krücke von allen, zu groß und zudem schiefer als der Turm von Pisa ist, wird der Hai einen Grund finden, weshalb der von ihm ausgesuchte Baum einfach perfekt ist. In dem Fall passt er einfach wie kein anderer unter die Dachschräge im Wohnzimmer.

Wer mit einem Hai eine glückliche Beziehung führen möchte, muss ihn geschickt davon überzeugen, dass es seine Idee war, doch noch einmal loszufahren und die schöne Nordmanntanne zu besorgen. Das ist nicht ganz einfach, aber es liegt durchaus im Bereich des Möglichen. Eine Entschuldigung für seine Fehleinschätzung zu erwarten, ist jedoch ein ziemlich aussichtsloses Unterfangen. Sollte er tatsächlich einen neuen Tannenbaum ins heimische Wohnzimmer stellen, ist das Eingeständnis genug. Der krumme Baum war auf den zweiten Blick einfach viel besser als Brennholz geeignet.

Im Grunde ist der Hai gerne allein und genießt das auch. Würde man ihn fragen, könnte er vermutlich nicht einmal beantworten, weshalb das so ist. Er braucht keine Gesellschaft, um sich wohlzufühlen, was nicht bedeutet, dass er sich in Beziehungen unwohl fühlt oder diese meidet. Allerdings ist in Hai-Beziehungen ziemlich klar, wer den Ton angibt und Entscheidungen fällt. Sich auf einen Hai zu verlassen. kann schnell in Verlassenheit enden, denn der Hai tendiert dazu, seine Probleme und Herausforderungen mit sich selbst auszumachen, und erwartet das auch von anderen. Ungern geht er zum

Arzt, denn dort könnte er Gefahr laufen, fremdbestimmt zu sein. Es ist nicht so, dass er generell auf die Meinung seines Umfelds keinen Wert legt. Er ist nur einfach der Meinung, selbst den besseren Überblick zu haben.

Haie stecken sich hohe Ziele und erreichen diese auch. Das macht sie für Menschen faszinierend, aber auch unheimlich. Menschen vergleichen sich unbewusst immer mit ihrem Umfeld und wenn du dich mit Haien umgibst, hast du genau zwei Möglichkeiten: Entweder du fühlst dich im Glanze ihres Erfolgs irgendwann unzureichend und minderwertig oder du fühlst dich inspiriert und von ihrem Erfolg dazu angespornt, selbst über dich hinauszuwachsen. Allerdings darfst du nie vergessen, dass es ganz alleine deine Entscheidung ist, ob du dich von der Zielstrebigkeit und den Erfolgen eines Hais einschüchtern oder anstecken lässt. Wir beide wissen, welche Entscheidung dich im Leben sehr viel weiter bringen wird.

Checkliste für dein persönliches Wachstum als Hai:
- Lass dich nicht von Komplimenten blenden.
- Werde kooperativer.
- Google das Wort »Empathie« und lass es dir notfalls von einem Wal erklären.
- Nimm dir Auszeiten von der Arbeit, ohne dabei ein schlechtes Gewissen zu haben.
- Lerne Geduld zu haben – gut Ding braucht Weile.
- Sei nachsichtig mit dir selbst.
- Lerne dich zu entschuldigen, das ist ein Zeichen großer Stärke.

Du bist gut, so wie du bist, und musst dir nicht andauernd höhere Ziele setzen, um dir das selbst zu beweisen. Die Wahrheit ist: Die wirklich wichtigen Menschen in deinem Leben messen deinen Wert in ihrem Leben nicht an deinen Erfolgen.

Gebrauchsanweisung für Delfine

»A little party never killed nobody!«

+ humorvoll, emotional, neugierig, spontan, gesellig, unbekümmert, optimistisch
— naiv, egozentrisch, unorganisiert, übertreibt gerne

Der Delfin in seinen Businessbeziehungen

enthusiastisch, inspirierend, kreativ, Problemlöser, innovativ

Mit seiner grenzenlosen Kreativität baut der Delfin auch im Berufsleben gerne die buntesten Luftschlösser. Seine Mind Maps sind legendär und lassen für das nächste Projekt nichts Geringeres als die Weltherrschaft erwarten. Auf dem Boden der Tatsachen liegt Delfinen einfach zu wenig Konfetti. Was für den einen oder anderen Kollegen etwas anstrengend sein kann, ist für das Unternehmen ein großer Gewinn. Delfine haben die Planung und Umsetzung nicht erfunden, aber in Sachen Konzepte und Innovationen sind sie ganz weit vorne; und um das Mögliche zu realisieren, muss man sich erst einmal trauen, an das Unmögliche zu denken.

Delfine scheuen sich nicht, ihre wilden Ideen auszusprechen, da sie ohnehin selten darüber nachdenken, was andere von ihnen halten. Delfine denken grundsätzlich wenig, Delfine fantasieren lieber drauflos – wenn man sie lässt. Ein farbloses Arbeitsumfeld spornt auch Delfine nicht gerade zu Höchstleitungen an. Schlimmstenfalls resignieren sie einfach hinter ihrem Schreibtisch und malen bunte

Herzchen aufs Papier, bis der Tag vorbei ist. Das haben sie schließlich in der Schule schon nicht anders gemacht – gelernt ist gelernt.

Wahrscheinlicher ist allerdings, dass der Delfin einfach kündigt und sich einen Arbeitsplatz mit mehr Konfetti sucht. Unternehmen, die nicht mehr vorwärtskommen, haben mit Sicherheit rein gar nichts zu bieten, womit sich Delfine kreativ entfalten können. Dabei gibt es doch so viele schöne Möglichkeiten. Stellt im Sommer doch mal ein großes Planschbecken in den Hof oder einen Tischkicker in den Aufenthaltsraum. Baut Büros in bunte Think Tanks mit gelben Sofas und einem Bällebad um oder packt im nächsten Strandurlaub ein bisschen Sand in den Koffer und schüttet ein Beachvolleyballfeld auf dem Parkplatz auf! Das ist doch nicht so schwer. Gebt den Kreativen etwas zum Spielen und dann macht ihr schön viel Platz auf eurem Konto, denn sie werden euch immer wieder überraschen.

Wenn es Neuerungen im Unternehmen gibt, bist du gut beraten, diese von einem Delfin an die Belegschaft kommunizieren zu lassen. Menschen mögen keine Veränderungen, das ist absolut kein Geheimnis. Veränderungen bedeuten etwas Neues, Unbekanntes, und das macht Angst. Da Angst ein Gefühl ist, bringt es nicht viel, ihr mit rationalen Erklärungen zu kommen, warum und weshalb wir jetzt das Rad neu erfunden haben. Da kannst du genauso gut Smarties gegen Kopfschmerzen essen – völlig vertane Energie. Lass den Delfin die Kampagne planen und ihn der Angst vor Veränderung die Lust auf Neues entgegensetzen. Delfine haben auch Angst, so ist das nicht. Doch ihre Neugier auf Neues ist einfach viel größer und sie haben die Gabe, andere damit anzustecken.

Womit machst du einem Business-Delfin wohl eine Freude, um ihn zu motivieren? Torten, aus denen leicht bekleidete Menschen hüpfen, sind immer eine gute, wenn auch etwas strapazierte Idee. Oder wie wär's mit einer Überraschungsparty – auch im kleinen Kollegenkreis? Was die Eule kolossal überfordert, findet der Delfin großartig. Das trifft genau seinen Nerv, ist emotional und wird ihm sicherlich in Erinnerung bleiben. Ist für die Party keine Zeit, freut er sich auch über ein besonders nett verpacktes Konzertticket: Man könnte es zum Beispiel in eine Karte stecken, die an einem bunten Heliumballon hängt: Öffnet der Delfin die Karte, erklingt der Gute-Laune-Song »Don't worry, be happy«. Macht doch mal wieder mehr Geschenke!

Der Delfin in seinen privaten Beziehungen

Freund
viele Freunde, liebt Menschen, aktiv, nicht nachtragend, sieht in allem das Positive

Partner
verspielt, emotional, nicht nachtragend, unkompliziert, unbekümmert

Kind
lebhaft, viel Energie, kreativ, neugierig, aktiv

Eltern
wird selbst wieder Kind, macht das Zuhause zum Disneyland, kann sich gut in das Kind hineinversetzen

Wenn du demnächst in die Wohnung deiner neuen Bekannten kommst und dich fragst, ob du versehentlich ins Filmset von »König der Löwen« geraten bist, weil der Hausherr dir mit einer Löwenmähne aus Papier entgegenkommt und dich bittet, auf dem Thron

Platz zu nehmen, bis er Simba ins Bett gebracht hat – dann weißt du vermutlich, um was für einen Tier-Haushalt es sich handelt. Nutze die Zeit einfach, dich schon mal warm zu singen: Hakuna Matata …

Delfineltern sitzen mit den gleichen leuchtenden Augen vor dem kunterbunten, mit Smarties dekorierten Geburtstagskuchen, wie das Geburtstagskind selbst und haben beim Verkleiden und Tierschminken mehr Spaß als die eigentlichen Geburtstagsgäste. Sie geben es nur ungern zu. Delfine leiden leidenschaftlich am Peter-Pan- und Pippi-Langstrumpf-Syndrom und wollen einfach nicht erwachsen werden. In den meisten Fällen haben sie das kurzzeitig ausprobiert und für obsolet befunden. Seitdem herrscht zu Hause Disneyland und die Kinder dienen eigentlich nur als Vorwand.

Haben die eigenen Kinder ähnlich delfinische Anteile in ihrer Persönlichkeit, ist das ein einziger Spaß. Hat ein Delfinpaar allerdings ein kleines Eulenkind zu Hause, weil das Universum es liebt, uns herauszufordern, wird es spannend. Dann erklären die kleinen Eulen nämlich den Delfineltern, dass Disneyland Fiktion ist, das Leben außerdem ernst und selten ein Ponyhof. Mit vier Jahren! Hauptberufliche Eulenkinder malen das ihren Eltern auch gerne auf, um die logischen Zusammenhänge dieser These zu unterstreichen. Eulenkinder dürfen das. Nehmt sie liebevoll in den Arm und genießt es, ihnen hier und da ein wenig Konfetti ins Leben zu streuen, ohne dass sie es bemerken. Ihr sprecht ja jetzt Eulisch – das habt ihr mittlerweile drauf.

Delfinkinder erkennt ihr daran, dass sie sich schon mit vier Jahren so ziemlich alle Gliedmaßen gebrochen und immer irgendwo blaue Flecken haben. Das passiert nun mal, wenn man sich wie Superman fühlt und einfach testen muss, ob man mit ganz viel Glauben daran nicht auch fliegen kann.

Als Partner oder Freund bist du besser spontan, denn so einem Delfin kann es schon einmal am Samstagabend einfallen, dass er sonntags gerne seinen Milchkaffee mit Blick auf den Eiffelturm trinken würde.

Und dann sitzt er auch tatsächlich zwei Stunden später im Flieger. Mit oder ohne deine Wenigkeit.

Delfine wirken nach außen oft etwas oberflächlich. Und sie sind tatsächlich auch nicht sehr tiefgründig. Grübeln und sich tiefgreifend philosophische Gedanken um den Sinn und Unsinn des Lebens machen? Das ist nichts, womit sich der Delfin besonders gerne die Zeit vertreibt. Er mag die Leichtigkeit des Lebens und so kann es passieren, dass du mit einem Problem zu ihm kommst und er dich mit einem »Wird schon werden!« einfach stehen lässt. Wenn du Glück hast, gibt er dir noch eine Tafel Schokolade und fragt: »Geht es dir schon besser?« Er ist nicht der beste Zuhörer, denn am liebsten redet er über sich selbst.

Allerdings hat er auch wie kein anderer Menschentyp die schöne Gabe, in jeder noch so verzwickten Situation das Positive zu sehen. Wenn du also ein wenig Leichtigkeit in deinem Leben brauchst, lässt du sein Delfinhandy »Viva Colonia« summen. Für die echten Probleme im Leben, die etwas mehr als positive Vibes, Schokolade und Glitzer benötigen, musst du deinem Delfinfreund allerdings eine klare Ansage machen. Dann hört er dir auch zu. Fasse dich aber besser kurz – man weiß nie, wie lange er das Zuhören aushält.

Die oft grenzenlose Naivität des Delfins bringt ihn aber auch gerne in Schwierigkeiten. Es liegt ihm einfach fern, Taktik oder Boshaftigkeit hinter einer Absicht zu sehen. Damit ist es ein Leichtes, ihn zu täuschen oder für etwas zu begeistern, das ihm nicht guttut. Er prüft selten, was hinter dem Konfettiregen ist, und tanzt einfach hindurch, um dann enttäuscht festzustellen, dass man ihm leere Versprechungen gemacht hat.

Sein unbedarftes Wesen, das wenig Planung und dafür umso mehr Spontaneität vorsieht, bringt ihn das ein oder andere Mal in Situationen, die eine Eule schon zig Kilometer gegen den Wind als Finte enttarnt hätte. Der Unterschied ist, dass ein Delfin sich von Missgeschicken, die er seiner eigenen Naivität zu verdanken hat, nicht lange die gute Laune verderben lässt. Er ist nicht nachtragend – schon gar nicht sich selbst gegenüber. Konfetti von den Flossen schütteln und weiter geht's. Das nächste Abenteuer hat bestimmt wieder ein Happy End.

Checkliste für dein persönliches Wachstum als Delfin:
- Manchmal ist Schweigen Gold.
- Übertreibe nicht maßlos.
- Lerne durchzuhalten, auch wenn es mal keinen Spaß macht.
- Lies Verträge, bevor du sie unterschreibst.
- Übe dich in Feingefühl deinen Mitmenschen gegenüber.
- Sei zuverlässig.

Du bist gut, so wie du bist, und musst auf deine Geschichten nicht immer noch eine Extraschippe Fantasie drauflegen. Die Wahrheit ist: Dein Leben ist ohne Übertreibung noch immer spannender als das aller anderen.

Gebrauchsanweisung für Eulen

»There is a problem for every solution!«

+ reflektiert, organisiert, tiefgründig, bodenständig, ordnungsliebend

— unspontan, pessimistisch, schwermütig, phlegmatisch

Die Eule in ihren Businessbeziehungen

Problemlöser, Taktiker, Organisator, Planer, Perfektionist

Die Eule braucht in ihrem beruflichen Umfeld Struktur und Planung, um zur Höchstleistung aufzulaufen. Ordnung, geregelte Pausenzeiten, regelmäßige Meetings, klare Absprachen und die Eule fühlt sich wohl. Eulen findet man überall dort, wo es auf Genauigkeit und Präzision ankommt: in der Forschung, in der Medizin und, völlig unerwartet, auch in der Kunst. Viele Künstler sind hochprozentige Eulen. Denn Ästhetik ist schließlich nichts anderes als präzise aufeinander abgestimmte Harmonie, und da entscheiden Nuancen.

Da ist es auch nicht weiter verwunderlich, dass alle hervorragenden Ärzte einen hohen Eulenanteil in ihrem Persönlichkeitsprofil haben. Vor einer Operation würde ich den behandelnden Arzt einen Persönlichkeitstest ausfüllen lassen. Wenn 100 Prozent Eule herauskommt, darf er alles aufschneiden und wieder zusammenflicken, was er so findet. Ich bin mir sicher, dass ich danach besser beieinander bin als vorher. Eulen sind in Büros, Krankenhäusern und Labors bestens aufgehoben – überall dort, wo Ordnung dazugehört.

Heerscharen emsiger Eulen fahren auch morgens immer zur selben Zeit in die Ämter und Buchhaltungsabteilungen der Republik. Und wehe, an der Ampel versucht ein Delfin, mal eben fix zu wenden. Das ist so nicht vorgesehen und deswegen muss die Eule aussteigen und ihn belehren. Sie liebt es, anderen die Welt zu erklären, und ist gerne auch mal Hobbypolitesse.

Im Team übernehmen Eulen gerne das Organisieren, Planen und To-do-Listen-Schreiben. Eulen lieben To-do-Listen! Wenn du mit einer Eule einen Termin vereinbarst, wirst du sie spätestens daran erkennen, dass sie das Datum sofort in ihrem Terminplaner notiert – und das ist immer ein besonders dickes Exemplar. Darin schlägt sie binnen Sekunden nach, was sie heute in drei Jahren vorhat, während der Delfin schon wieder vergessen hat, in welcher Hosentasche der Kassenbeleg steckt, auf dem er gestern das Meeting für morgen notiert hat. Oder war's das für nächste Woche?

Im Grunde ergänzen sich Delfine und Eulen in der Arbeitswelt perfekt, jedoch mit ordentlich Konfetti im Getriebe. Der Delfin denkt sich gerne unmögliche Dinge aus und die Eule findet einen Weg, diese zu realisieren. Dass diese Idee, die der Delfin mal eben so rausgehauen hat, niemand vor ihr je umgesetzt hat, notiert sich die Eule bestenfalls am Rande. Irgendwann ist immer das erste Mal, und jetzt ist die Gelegenheit da. Herausforderungen scheut die Eule nicht. Und Scheitern gehört dazu. Wenn eine Tür zufällt, macht die Eule sie einfach wieder auf. So funktionieren Türen nun mal. Hat sich ja einer etwas dabei gedacht.

Bei der Zusammenarbeit machen Eulen und Delfine sich allerdings von Natur aus wahnsinnig. Diese beiden brauchen unbedingt einen Mediator – ein Wal würde sich spontan anbieten. Er kann mit beiden Menschentypen und pustet gekonnt hier und da das Konfetti aus dem Motor.

Wenn das Unternehmen die zwei jedoch alleine lässt, verschenkt es im Zweifel ungeahnte Möglichkeiten. Der Delfin wird in bunten Mind Maps die Architektur seines Luftschlosses skizzieren – zur Untermalung der Präsentation hat er natürlich Musik und eine Seifenblasenmaschine organisiert. Die arme Eule sitzt indessen mit großen Eulenaugen zutiefst verwirrt auf ihrem Stuhl, kaut in Ermanglung notierenswerter Fakten auf ihrem Bleistift und wartet darauf, dass eine PowerPoint-Präsentation gestartet wird, an deren Gliederung sie sich gedanklich festhalten kann.

Hast du es auch schon einmal erlebt, dass die Augen deines Gegenübers während eines Gesprächs immer größer und größer werden? Das sind bestimmt Eulenaugen. Sie wollen dir sagen: Ich bewundere noch immer dein Problem, aber eigentlich bin ich schon vor einer Stunde gedanklich ausgestiegen und versuche seitdem den Faden wiederzufinden.

Hast du Eulen in deinem Team? Gib ihnen Checklisten, irgendwas, an dem sie sich festhalten können, und gib ihnen Textmarker und Klebezettel für ihre Notizen. Wenn ihr Projekte realisieren möchtet, braucht ihr einen Eulenfanclub, und den müsst ihr euch erst einmal verdienen. Beziehungen fallen nicht vom Himmel. Auch nicht im Business.

Was schenkt ihr euren geschäftlichen Eulenkontakten zum Geburtstag? Bitte keine Blumen. Blumen sind ausschließlich für Wale bestimmt. Buchgutscheine gehen immer. Wenn ihr sie besser kennt, tut es auch eine Dokumentation oder ein Reiseführer. Oder ein Gutschein für den Outdoor-Laden. Beziehungen leben davon, dass wir auf Beziehungskonten einzahlen, und wenn ihr euch schon die Mühe macht, dann nehmt doch gleich die richtige Währung.

Die Eule in ihren privaten Beziehungen

Freund
verlässlich, guter Zuhörer, feinfühlig, idealistisch

Partner
empathisch, loyal, zuverlässig, unterstützend, tiefgründig

Kind
zurückhaltend, forschend, kreativ, beschäftigt sich gerne mit sich selbst

Eltern
hat hohe Ansprüche, ordnungsliebend, richtungsweisend

Eulen sind nicht nur sehr rationale Menschen, die das Leben auf dem Boden der Tatsachen erklären möchten; sie sind auch der tiefgründigste der vier Menschentypen, der mit viel Leidenschaft bei der Sache ist. Eulen suchen sich die Menschen in ihrem Leben gezielt aus und fühlen sich in großen Gruppen nicht wirklich wohl. Sie treffen sich lieber zu zweit auf ein gutes Glas Wein und philosophieren mit dir stundenlang über die Rebsorte oder den Sinn des Lebens. Und es ist nicht unwahrscheinlich, dass du ihn am Ende des Abends tatsächlich kennst.

Eulen sind geübt darin, die Beweggründe ihrer Mitmenschen zu erkennen und Probleme zu analysieren. Das macht sie zu einem tiefsinnigen Weggefährten, der Freunde und Partner mit seiner Tiefsinnigkeit allerdings auch schnell mal in den Wahnsinn treibt. Du glaubst ja nicht, was man alles in Endlosschleife hinterfragen und durchphilosophieren kann – der Emmentaler ist wirklich ein verdammt harter Brocken gewesen, Chapeau!

Entscheidungen, die das Familienleben betreffen, sind im Eulenfall häufig Großprojekte, bei denen nichts »mal eben schnell«, »spontan« und »aus dem Bauch heraus« abgenickt werden kann – schließlich könnte es dazu viele, viele Erfahrungswerte geben.

Für Eulen wurden Bewertungsportale erfunden und womöglich sind sie die einzigen Tiere, die nach getroffener Entscheidung noch weiter recherchieren, um sich dann darüber zu ärgern, nach drei Monaten Recherche doch vorschnell entschieden zu haben. Das muss man als Partner erst einmal aushalten.

Apropos Partner: Bei der Wahl eines Gefährten geht die Eule ähnlich akribisch vor, als würde sie im Labor gerade an einer Lösung für den Weltfrieden forschen. Sie schaut genau hin, wägt ab, schreibt Pro- und Contra-Listen, vergleicht und ist oft schlichtweg deshalb Single, weil sie sich einfach nicht entscheiden kann.

Kleine Randnotiz für meine Eulenfreunde: Die Auswahl wird im Laufe der Jahre selten qualitativ hochwertiger.

Wer eine Eule als Partner sucht, findet diese folglich wo? Na klar, bei ElitePartner! Was soll denn eine Eule bei Tinder? Da gibt's doch nur Bilder – die Eule aber braucht Zahlen, Daten, Fakten, um eine valide Ersteinschätzung abgeben zu können. Wenn sie sich allerdings einmal entschieden hat, sind ihre Beziehungen stabil, denn mit Veränderungen tut sich die Eule schwer. Trennungen ziehen ihr den Boden unter den Füßen weg und sie vergisst, dass sie fliegen kann.

Checkliste für dein persönliches Wachstum als Eule:
- Tu mal was Verrücktes: Kauf dir buntes Konfetti!
- Das Leben ist nicht immer kalkulierbar.
- Hab keine Angst vor Veränderung.
- Lerne zu verzeihen.
- Nicht so viel zögern, einfach mal machen.
- Zweifle nicht alles an, am wenigstens permanent dich selbst!
- Lerne zu vertrauen.
- Sei geduldig mit Menschen, die nicht so gerne und so viel denken.

Du bist gut, so wie du bist, und musst das nicht immer wieder an Studienergebnissen überprüfen. Die Wahrheit ist: Wenn du anfängst, dir selbst und deinen Fähigkeiten zu vertrauen, wird dein Leben eine magische Reise.

Tierische Kinder

*»Die Art, wie wir mit unseren Kindern sprechen,
wird ihre innere Stimme.«*

Die Forschung ist sich uneins darüber, wann genau sich unser ganz persönlicher Tiermix herausbildet: Wie viel davon ist uns schon in die Wiege gelegt und welche Anteile eignen wir uns im Laufe unseres Lebens an? Ziemlich sicher ist jedoch, dass man schon bei den Kleinsten erkennen kann, welches Tier sich zu einem großen Anteil in ihnen versteckt. Wir werden in unseren ersten Lebensjahren sehr davon geprägt, ob unsere Eltern unsere Sprache erkennen und sprechen. Daher ist es mir so wichtig, dass Eltern die Tiersprache ihrer Kinder lernen. Eine ganz besondere Herausforderung ist es immer dann, wenn unsere Kinder einem gegensätzlichen Tiertyp angehören. Dann brauchen wir Geduld – vor allem mit uns selbst.

Ich liebe es, meine Kinder Maya und Emil in den Kindergarten zu bringen. Wenn dort morgens alle Kinder ankommen und ihre Jacken aufhängen, möchte ich schon mein Popcorn auspacken – als Delfin vergesse ich das natürlich jedes Mal. Aber ich habe ja versprochen, dass es dir auch ohne Popcorn nach dieser Lektüre nie wieder langweilig wird. Und so faszinieren auch mich diese kleinen Menschen in ihrer Vielfalt immer wieder aufs Neue. Also: Vorhang auf.

Da gibt es zum Beispiel Paul, der noch im Reinkommen die Jacke auszieht und sie, auf links gedreht, Batman-mäßig in Richtung Kleiderhaken wirft. Der Haken wird verfehlt, der völlig verkrumpelte Anorak fällt auf den Boden und bleibt da auch liegen – tritt sich fest. Die kleine Annie, die danebensteht, hebt Pauls Jacke auf, dreht sie auf rechts, streicht sie glatt und hängt sie an den richtigen Haken, noch bevor sie Zeit gefunden hat, ihre eigene auszuziehen.

Dabei wird sie von Lukas angerempelt, der seine Jacke immer an den Nilpferdhaken hängt, obwohl das gar nicht seiner ist. Das kann man ihm 100-mal erklären, ohne dass es irgendeine Wirkung zeigt. Es interessiert ihn nämlich nicht. Er findet den Nilpferdhaken schöner und deshalb hängt er da seine Jacke auf. Punkt. Aus. Ende. Nele, die die ganze Sache beobachtet hat, stöhnt auf, hängt Lukas' Jacke an den richtigen Haken, sortiert die Schuhe alle in eine Reihe, bevor sie ihre dazustellt, und nimmt dann Anni an die Hand, die wie jeden Morgen nach diesem bunten Schauspiel ein wenig ängstlich in die Runde schaut.

Ich knabbere an meinem virtuellen Popcorn und verabschiede meine beiden mit einer dicken Umarmung in ihrer ganz eigenen Tiersprache in einen zauberhaften Tag mit vielen Abenteuern.

Hast du eine Idee, welche Art von Tierkindern Annie, Paul, Lukas und Nele sind?

Wenn du Kinder hast – oder Patenkinder, Nichten und Neffen: Welche Tiertypen siehst du in ihnen, jetzt, wo du so viel über Delfin, Eule & Co. weißt?

Tierische Liebe

Eines dürfte dir inzwischen klar sein: Unsere Welt mit all den unterschiedlichen Tieren ist ziemlich bunt und spannend und wir brauchen wirklich alle Tiere mit ihren unterschiedlichen Charakteren, sonst wird's einfach langweilig. Aber wie sieht es mit den tierischen Beziehungen aus? Es gibt insbesondere in Sachen Liebe doch bestimmt absolute Traumpaare – aber auf der anderen Seite auch äußerst kritische Kombinationen.

Wer kennt ihn nicht, den Satz: Gegensätze ziehen sich an. Da ist bestimmt etwas Wahres dran. Gegensätze sind spannend. Da geht es um das, was du nicht hast, das Unbekannte, das dich vielleicht komplett macht. Wenn zwei Menschen völlig gleich sind, wird es schnell langweilig und das einzig Stürmische in ihrem Schlafzimmer ist der Luftzug morgens beim Durchlüften.

Aber wie sieht es mit der Faszination füreinander aus, wenn wir auf das Andere, das Unbekannte treffen? Psychologen sagen, dass zu große Gegensätze sich nur kurzfristig anziehen – für den heißen Flirt, die Affäre oder den One-Night-Stand kann das also ganz prickelnd sein. Möchtest du allerdings deinen Partner in Crime fürs Leben finden, ist es ebenso wichtig, dass ihr Gemeinsamkeiten habt. Und da gibt es viele Möglichkeiten.

Zum Beispiel gemeinsame Werte und gemeinsame Ziele. Paare haben eine größere Chance, miteinander glücklich zu werden, wenn ihre Eltern sich ähnlich waren und die Kinder in einem vergleichbaren Wertesystem erzogen haben. Bezogen auf das Tiermodell heißt das: Es ist wichtig, dass ihr ein gemeinsames Tier in eurem Persönlichkeitsprofil habt, auf das ihr immer wieder zurückkommen könnt.

Es klingt jetzt vielleicht etwas unromantisch, aber als ich meine Frau kennengelernt habe, habe ich ihr beim zweiten Date einen Persönlichkeitstest unter die Nase gehalten. Und als ich mir das Ergebnis angeschaut habe, dachte ich mir: Die behalte ich, das passt! Warum? Weil wir beide zu ungefähr gleichen Teilen Delfin sind und uns an diesem Punkt immer wieder finden können, obwohl ihr Wal und mein Hai sich manchmal in die Quere kommen.

Wer sind also die tierischen Traumpaare, die heiraten dürfen, Kinder bekommen und mit recht großer Wahrscheinlichkeit noch mit 90 knutschend auf der Hollywoodschaukel sitzen?

Die Dreamteams

Eule – Wal

Diese beiden philosophieren gerne gemeinsam über das Leben. Das heißt, die Eule philosophiert und der Wal freut sich, dass er zuhören darf, mal im Campingwagen in der Rhön, mal im Kombi auf Sylt. Dabei trotzen sie den kalkulierbaren Katastrophen des Lebens mit selbstgemachtem Datteldip. Das passt!

Delfin – Hai

Zwei, die sich gefunden haben und am liebsten über sich selbst sprechen. Der eine fährt Ski in Sankt Moritz, der andere in der Skihalle in Neuss, aber sie haben eine Schnittmenge und wenn es sich anbietet, trinkt der Hai auch mal ein Gläschen Champagner beim Hallenski und der Delfin feiert auf der Luxusskihütte. Das passt!

Welche Tiere können miteinander, brauchen aber hin und wieder eine Paartherapie?

Hai – Eule

Der Hai bucht den gemeinsamen Sommerurlaub auf Bali, bevor die Eule die Hotelbewertungen abschließend evaluiert hat, und das kann für ordentlich Gesprächsstoff sorgen. Andererseits bietet die Eule dem Hai mit ihrer intellektuellen und unnachgiebigen Art die Stirn, was beide als eine bereichernde Herausforderung begreifen können. Ist okay!

Delfin – Wal

Während der Delfin das Partyleben genießt, kümmert sich der Wal darum, dass es ihm dabei an nichts fehlt. Das kann schnell in einem Ungleichgewicht enden. Wenn der Wal in der Leichtigkeit des Delfins einen Ausgleich zu seiner Wehmut sehen kann und der Delfin die Fürsorge des Wals als wertvolle Ressource schätzen lernt, haben die beiden allerdings eine Zukunft. Ist okay!

Welche Kombinationen solltest du tunlichst meiden?

Delfin – Eule

Der Delfin zu unbedarft, die Eule zu tiefgründig. Da wird das erste Date schon zur Herausforderung und im Zweifel gar nicht erst zustande kommen. Stell dir das vor: Der Delfin möchte fallschirmspringen und die Eule rechnet ihm vor, wie viele Menschen alleine in den letzten 24 Stunden dabei tödlich verunglückt sind. Wird schwierig!

Wal – Hai

Der Wal zu umsorgend, der Hai zu einnehmend. Über diese Kombination muss man nicht viele Worte verlieren. Der Wal würde dem Hai alles nachtragen und sich dabei völlig selbst verlieren, während der Hai sich schnell langweilen und nach etwas umsehen würde, das ihm Paroli bieten kann. Wird schwierig!

Bei Gleich und Gleich solltet ihr darauf achten, dass die anderen Anteile eurer Persönlichkeitstypen zumindest ein wenig unterschiedlich sind – denkt an den Luftzug im Schlafzimmer, Freunde!

Hast du die Tierkombination deiner Eltern entdeckt? Oder vielleicht die deiner eigenen Beziehung?

Tierischer Test

Entdecke nun, welches Tier in dir steckt!

Gehe ins Internet und mache hier den Test:
https://tobias-beck.com/test/

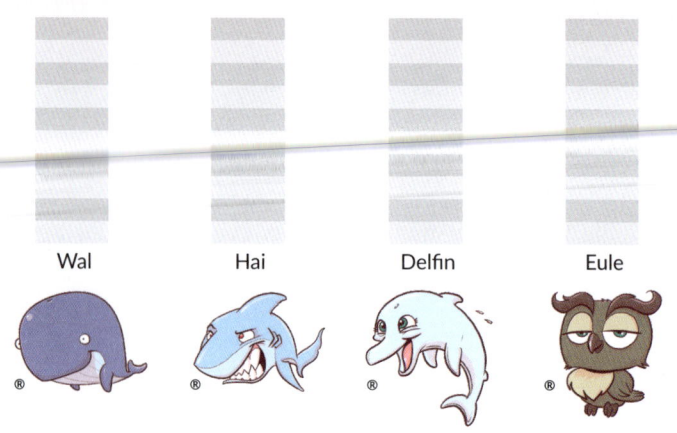

| Wal | Hai | Delfin | Eule |

Teile JETZT dein Ergebnis mit deinen Liebsten!
#bewohnerfrei #unboxyourrelationship

Das Ende

Eine Geschichte von Chris Rogers

Vor langer, langer Zeit gab es eine Insel, auf der alle Gefühle der Menschen lebten: die gute Laune, die Traurigkeit, das gute Gewissen und alle anderen Emotionen, die wir kennen. Eines Tages wurde den Gefühlen mitgeteilt, dass die Insel sinken würde. Also bereiteten alle ihre Schiffe vor und verließen das Eiland. Nur die Liebe wollte bis zum letzten Augenblick warten.

Bevor die Insel sank, bat die Liebe um Hilfe. Die Eitelkeit fuhr auf einem luxuriösen Schiff an der Liebe vorbei. Sie fragte: »Eitelkeit, kannst du mich mitnehmen?« »Nein, kann ich nicht. Auf meinem Schiff habe ich viel Gold und Silber, in dem ich mich spiegeln kann. Da ist kein Platz für dich.«

Also fragte die Liebe den Stolz, der auf einem wunderbaren Schiff vorbeikam: »Stolz, ich bitte dich, kannst du mich mitnehmen?« »Liebe, ich kann dich nicht mitnehmen«, antwortete der Stolz: »Hier ist alles so perfekt. Du könntest mein Schiff beschädigen.«

Also fragte die Liebe die Traurigkeit, die an ihr vorbeisegelte: »Traurigkeit, bitte nimm mich mit«, »Oh, Liebe«, sagte die Traurigkeit, »ich bin so traurig, dass ich alleine bleiben muss.« Auch die gute Laune rauschte an der Liebe vorbei, aber sie war so zufrieden, dass sie den Ruf der Liebe gar nicht hörte.

Plötzlich sagte eine Stimme: »Komm, Liebe, ich nehme dich mit.« Es war ein alter Mann, der zu ihr sprach. Die Liebe war so dankbar und glücklich, dass sie vergaß, den Mann nach seinem Namen zu fragen.

Als sie an Land kamen, ging der Alte fort und alle Gefühle sammelten sich in einer Gruppe. Der Liebe war bewusst, dass sie ihrem Retter viel schuldete, und so fragte sie die Gelassenheit: »Gelassenheit, kannst du mir sagen, wer mir geholfen hat?« »Es war die Zeit«, antwortete die Gelassenheit. »Die Zeit?«, fragte die Liebe, »Warum hat die Zeit mir geholfen?« Und die Gelassenheit antwortete: »Weil nur die Zeit versteht, wie wichtig die Liebe im Leben ist.«

Zum Weiterlesen

Mario C. Bauer, Christian Rogers: *The Teddy Bear Is Everywhere*, Aperitivo International BV 2014

Brené Brown: *Verletzlichkeit macht stark*, Kailash 2013

Gary Chapman: *Die fünf Sprachen der Liebe*, Francke-Buchhandlung, 8. Auflage 2010

John Gottman: *Die 7 Geheimnisse der glücklichen Ehe*, Ullstein, 6. Auflage 2014

L. E. Sherman, A. A. Payton, L. M. Hernandez, P. M. Greenfield, M. Dapretto: *The power of the »like« in adolescence: Effects of peer influence on neural and behavioral responses to social media.* Department of Psychology, University of California 2016

Danke

Je mehr ich lerne, je mehr Bücher ich lese, je mehr Seminare ich besuche, desto klarer wird mein Verständnis, eigentlich gar nichts zu wissen und immer wieder in neuen und mir fremden bunten Welten zu stehen. Deren Ergründung habe ich mir zur Lebensaufgabe gemacht, um anderen Menschen so viel Mehrwert zu geben wie möglich.

Eines weiß ich allerdings mit absoluter Gewissheit: Ich liebe meine Familie, zu der meine Frau und beste Freundin Rita und meine wunderbaren Kinder Emil und Maya ebenso gehören wie meine Eltern Erika und Horst und meine Geschwister Johanna, Nadine und Olaf.

Ich liebe meine Freunde, die mich fast alle aus einer Zeit kennen, in der ich weder bekannt noch finanziell frei war, und die mich immer wieder auf den Boden geholt haben, wenn ich der Sonne zu nahe gekommen bin.

Ich liebe mein Team und die Bewohnerfrei-Crew, die mit mir durch dick und dünn gehen, komme, was wolle.

Ich liebe jede Minute meines Lebens und bin immer voller Dankbarkeit, da ich weiß, dass jeder Mensch nur eine bestimmte Anzahl an Herzschlägen hat und ich nicht wissen kann, wann mein Countdown abgelaufen ist.

Ein großes Dankeschön geht an dieser Stelle an Stefanie Brehm, die die wunderbare Gabe hat, Worte in Diamanten zu verwandeln, die tief beim Leser wirken.

Ohne Dich wäre dieses Buch nicht das, was es ist!

Der Autor

Tobias Beck entwickelte sich vom Flugbegleiter mit Lernschwäche zu einem der besten Speaker Europas. Als Sprecher, mehrfach ausgezeichnet vom FOCUS, erreicht er online Millionen und sein erstes Buch »Unbox your Life!« (GABAL 2018) wurde zum Bestseller. Sein Bewohnerfrei®-Podcast schoss sofort auf Platz 1 der iTunes-Download-Charts. Namhafte CEOs vertrauen ihm als persönlichem Berater und auf seinen Seminaren begeisterte er live bereits Hunderttausende. Als Hochschuldozent erklärt er mit viel Humor und Cleverness, wie die Prinzipien des Erfolgs und der Motivationspsychologie funktionieren.

www.tobias-beck.com

»Mit Stefanie ein Buch zu schreiben ist,
als würde sie aus Konfettiregen Geschichten formen
und aufs Papier bringen.«

TOBIAS BECK

Die Co-Autorin

… mag Konfetti.

In ihrem Leben ist ganz viel davon – in verschiedenen Farben, Formen und Schattierungen dürfte für jeden etwas dabei sein.

Stefanie Brehm, geboren 1984, ist Autorin, Sprecherin und Seminar-Coach. Sie erzählt mit Wortwitz, Eloquenz und Charme bunte und leise Geschichten. Geschichten, die nachdenklich machen, Bilder in die Köpfe von Menschen zaubern und somit Emotionen wecken, die in Erinnerung bleiben.

»Maybe it's never about the happy ending.
Maybe it's only about the story.«

www.stefanie-brehm.com

Was macht eine GLÜCKLICHE BEZIEHUNG langfristig aus?

EXKLUSIVES INTERVIEW

MIT RITA

Rita und Tobias nehmen Dich gemeinsam mit hinter die Kulissen und geben Dir einen ganz privaten Einblick in ihre Beziehung.

Es warten amüsante Geschichten aus ihrem gemeinsamen Leben auf Dich, denn Beziehung ist auch immer ein Abenteuer.

Ein Abenteuer, das das Leben schreibt und aus dem Du lernen darfst;

für eine glückliche Ehe und eine großartige Familie, in der die Liebe zu Hause ist.

www.unboxyourrelationship.de/bonus

Die Geheimnisse
ERFOLGREICHER BEZIEHUNGEN

von & mit *Tobias Beck*

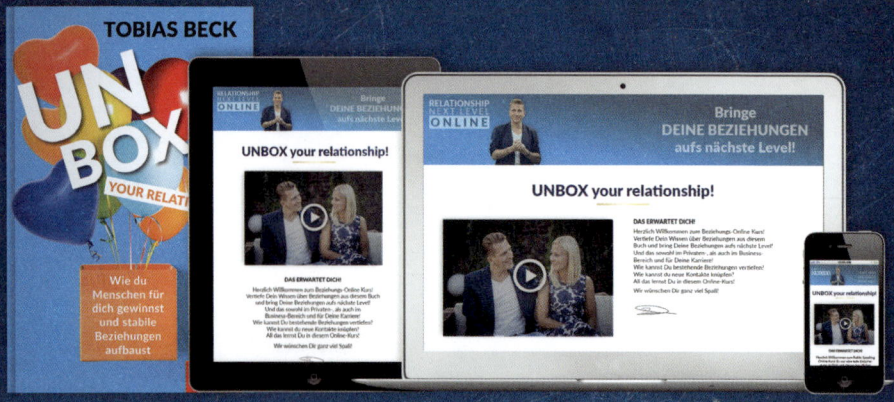

WIE ZIEHST DU DIE „RICHTIGEN" LEUTE IN DEIN LEBEN?

Vertiefe Dein Wissen über Beziehungen aus diesem Buch und bringe Deine Beziehungen aufs nächste Level!

Und das sowohl im privaten als auch im Business-Bereich und für Deine Karriere!

Wie kannst Du bestehende Beziehungen vertiefen? Wie kannst Du neue Kontakte knüpfen?

All das lernst Du in diesem Online-Kurs!
Sichere Dir jetzt Deinen Zugang unter diesem Link:

www.unboxyourrelationship.de/kurs

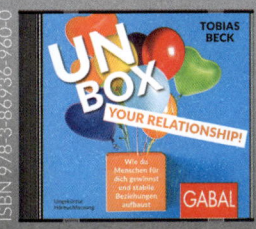

Dein Leben

Inspirierende Impulse und praktische Tipps, die Ihr Leben leichter, besser und schöner machen.

Dörthe Huth
Gute Laune an jedem Arbeitstag
ISBN
978-3-86936-875-7
€ 17,00 (D)
€ 17,50 (A)

Brian Tracy
Eat that Frog
ISBN
978-3-86936-909-9
€ 20,00 (D)
€ 20,70 (A)

Felix Maria Arnet
Brutal gescheitert!
ISBN 978-3-86936-874-0
€ 17,00 (D) / € 17,50 (A)

Sebastian Mauritz
Immun gegen Probleme, Stress und Krisen
ISBN 978-3-86936-908-2
€ 24,00 (D) / € 24,70 (A)

Ralf Schmitt, Mona Schnell
Kill dein Kaninchen!
ISBN 978-3-86936-832-0
€ 19,90 (D) / € 20,50 (A)

Hans-Georg Willmann
Verblüffend einfach Ziele erreichen
ISBN 978-3-86936-803-0
€ 17,00 (D) / € 17,50 (A)

Monika Hein
Empathie
ISBN 978-3-86936-831-3
€ 22,90 (D) / € 23,60 (A)

Barbara Messer
Das pure Leben spüren
ISBN 978-3-86936-834-4
€ 17,00 (D) / € 17,50 (A)

 Alle Titel auch als E-Book erhältlich

gabal-verlag.de